孩子，
男生为什么
讨好你

——— 李兴新◎著 ———

图书在版编目（CIP）数据

孩子，男生为什么讨好你 / 李兴新著. ——北京：企业管理出版社，2012.12

ISBN 978-7-5164-0216-0

Ⅰ.①孩… Ⅱ.①李… Ⅲ.①家庭教育—通俗读物 Ⅳ.①G78-49

中国版本图书馆CIP数据核字（2012）第272131号

书　　名：	孩子，男生为什么讨好你
作　　者：	李兴新
责任编辑：	张　羿
书　　号：	ISBN 978-7-5164-0216-0
出版发行：	企业管理出版社
地　　址：	北京市海淀区紫竹院南路17号　邮编:100048
网　　址：	http://www.emph.cn
电　　话：	编辑部（010）68453201　发行部（010）68701638
电子信箱：	80147@sina.cn　zhs@emph.cn
印　　刷：	北京中新伟业印刷有限公司
经　　销：	新华书店
规　　格：	160毫米×230毫米　16开本　16.25印张　223千字
版　　次：	2012年12月第1版　2012年12月第1次印刷
定　　价：	32.80元

版权所有　翻印必究·印装错误　负责调换

你可以丢失任何东西，但不可以丢失你自己

　　人的一生总是会不断地丢失一些东西，用不着多么费劲儿你就能想到很多自己曾经丢过的东西，铅笔、橡皮、头花、钱包、钥匙……是啊，谁没丢过东西呢？我也一样，到目前我还有印象的是：小学二年级丢过一块有香味的小橡皮，小学毕业考试那天丢过一根2B铅笔，初中二年级时丢过5块钱（这在当时可不是一个小数目），上大学时在学校操场丢过一件运动服，前年还连续丢了两部手机……

　　你知道吗，这些现在看起来不值一提的东西，在当时对于我却是那样的宝贵，为了它们我着急得要命，甚至曾经偷偷哭泣。但奇怪的是，用不了几天，我又恢复到了原有的状态，好像自己从来就没丢过东西一样。因为这些都不是生命中最重要的东西，对于每个人来说最重要的并不是那些跟随你的物品，而是你自己。

　　这个世界很浮躁，也很魅惑，城市里的霓虹、街道上的浮尘、名利场的争夺……都会让人不知不觉中丢失了自己。作为爸爸，我对我最亲爱的女儿没有什么祈求，只希望在今后的人生道路上她能够记住最初的自己。

　　有句俗话说"心静自然凉"，天太热时心情就容易跟着波动，只要自己的心是静的，就不会觉得燥热。但人都是有血有肉有感情的，当身边的环境发生变化，我们总是难免会有情绪的起伏，尤其是那些很感性的性情中人，就更容易一时间找不到自己。

　　著名画家张大千先生就曾经把自己"弄丢"过：

张大千有一把浓密的胡须,风采飘逸,令不少人赞赏。有一次闲聊,一个朋友好奇地问他:"晚上睡觉时,您是把胡子放在被子外面,还是被子里面呢?"张大千不禁一愣:"这……我从来没留意过。那么我今天晚上注意一下,明天告诉你。"

晚上躺在床上,张大千想起了朋友的话。他先把胡子放在被子外面,觉得不太舒服;于是又把胡子放到被子里面,感觉还是不舒服……就这样反反复复折腾了一晚上,张大千也没弄清胡子究竟是在被子外面还是里面。

以前想都没想过的问题,现在竟然这么让人头疼。其实,胡子放在被子里还是被子外,根本就是不值得考虑的问题,只因为他人随意的一问,就给自己徒增了许多烦恼,想来不是有些讽刺吗?

但生活对于十几岁的女孩来说的确充满了新奇:时髦的衣服、狂欢的派对、帅气的男孩……一切仿佛都值得你为之疯狂。年轻的狂热当然无可厚非,但不要因为他人或是环境而迷失了自己。人生最可怕的是什么?或许很多人从来都没有想过,但我可以以我几近知天命的人生阅历负责任地说:不是贫穷,因为靠勤劳和智慧可以变得富有;不是磨难,因为磨难会让人更坚强地成长;也不是失败,因为失败是成功之母。

那是什么?

是丢失了自己。

我之所以写这本书,也是为了告诉我的女儿以及更多的"女儿":每个人都是一道风景,你们也一样。所以,不必过多地在意别人的言论和评价,只要走好自己的路,只做好自己就很好了。

在写这本书时,我并没有考虑太多,只是将我这个做爸爸的内心深处对女儿的期望、心疼、担忧以最随意的方式表达出来,告诉女儿如何面对挫折、欺骗,如何把握爱情和人生,如何让自己的青春更加健康和美丽。

我自知尽管我已经竭尽所能,以我个人的知识和能力也断不能用短短十几万字让女儿的整个人生都没有苦恼和坎坷,我只是希望在未来的日子里,在我逐渐老去不能再是女儿的依靠时,我最最亲爱的女儿能够努力坚强地走好生活的每一步，足矣。

另外，张志军、鲁蒂、吴强、王振伟、闫博、李忠良、赵静、李绍玲、李光亮、孙占领、杜延起、张萍、刘芳对本书编写亦有很大帮助，在此表示感谢！

作者于美国夏威夷

2012 年 9 月 1 日

目录

第一章 学习，让男生刮目的前提
学习让你前行，让男生佩服加折服 /3
你不要像爸爸一样偷懒 /6
书中自有黄金屋 /9
没有什么比知识更可靠 /12
汲取知识，不只是在课本上 /15
尽信书不如无书 /19

第二章 网络，提升自己的必备工具
网络让你与全世界联结在一起 /25
"百度"你所有想了解的知识 /28
网络，让你"鬼点子"更多 /31
网上聊天，其实没那么好 /34
网络陷阱多，不要轻易和陌生人说话 /37

第三章 健康，不仅让男生讨好还是生存的根基
不管什么时候，请爱护爸爸给你的身体 /43
有健康的身体，你才有气质和容颜 /47

运动减肥,健康模式让人喜欢　　　　　　　　/50
多喝水,女儿家都是水做的　　　　　　　　　/54
好心情比好药丸更有用　　　　　　　　　　　/57
为了健康,给自己找一项爱好　　　　　　　　/60
别和垃圾食品成为朋友　　　　　　　　　　　/63
亚健康与健康相去甚远　　　　　　　　　　　/67
青春期,了解你的变化　　　　　　　　　　　/71

第四章　气质,开启男生心灵的第一把钥匙

气质是你征服男生的最佳名片　　　　　　　　/77
培养气质,时尚信息是必备品　　　　　　　　/80
多读书,散发少女的知性魅力　　　　　　　　/83
说脏话,只能让自己显得懒散和粗俗　　　　　/87
自信,让你别样的美丽　　　　　　　　　　　/91
女生的好习惯,男生都喜欢　　　　　　　　　/95
让优雅成为你最美的外衣　　　　　　　　　　/98
修炼你的女人味儿　　　　　　　　　　　　　/102
你的教养,决定了你能否开启男生的心灵　　　/106

第五章　挫折,是成长路上必须翻过的山

直面困难,这是不可避免的　　　　　　　　　/111
挫折并不可怕,关键看你能否站起来　　　　　/115
学会自控,不管对酒精还是毒品　　　　　　　/118
警惕,陌生人也会没理由地伤害你　　　　　　/122
尊重那些"坏小子"　　　　　　　　　　　　/126
你最好的朋友也可能背叛你　　　　　　　　　/129
女孩可能会遭遇的危险情形　　　　　　　　　/133

当你听到噩耗时　　　　　　　　　　　　　　/137

第六章　恋爱，青春盛开的美丽之花

比起脸蛋，男人更喜欢你的个性　　　　　　　/143
恋爱不是毒药　　　　　　　　　　　　　　　/147
恋爱，不要指望缘分　　　　　　　　　　　　/150
马上甩掉那个不尊重你的男生　　　　　　　　/154
让恋爱成为动力，而非阻力　　　　　　　　　/158
你不喜欢他时　　　　　　　　　　　　　　　/162
真爱是性的唯一理由　　　　　　　　　　　　/166
套好安全带，带好安全套　　　　　　　　　　/170
爸爸给你安全约会的3点建议　　　　　　　　/174

第七章　理想，提升你在男生心中的地位

行动前先确定你的目标　　　　　　　　　　　/181
理想最需要的是迈出第一步的勇气　　　　　　/185
男生会抛弃你，理想永远不会　　　　　　　　/188
你想要的东西，要自己努力去争取　　　　　　/192
借口，让你失去男生，更丢掉了理想　　　　　/196
坚持自己，别人是影响不到你的　　　　　　　/199
别把金钱当作理想　　　　　　　　　　　　　/203
给自己设计一种理想的生活　　　　　　　　　/207

第八章　掌控，你要操纵自己的生活

没什么可怕的，向前走　　　　　　　　　　　/213
幸福是自身的体验，与旁人无关　　　　　　　/216

纠缠过去的孩子没有好运 /219
不管什么理由，都不要纹身 /222
愤世嫉俗，让你失去应有的快乐 /226
感谢折磨你的人 /230
你要认真地照顾好你自己 /233
学会控制你的情绪 /237
尽量摆脱欲望的纠缠 /241
活得简单些 /245

 后记 趁女儿还未长大 /249

第一章
学习，让男生刮目的前提

　　女孩子之所以能让男生瞩目，绝不仅仅是因为外表的美丽，而是由于她心灵素养与道德情操的外延显示，是由于她文化底蕴与人生阅历的自然流露。所以，爸爸希望有朝一日，你的才华、学识和智慧成为男生对你刮目相看的第一理由。而爸爸最想告诉你的是：这一切无不由学习而得来。

学习让你前行，让男生佩服加折服

说来也巧，不是吗？就在你即将出生的前几天，我偶然间读到了一则寓言故事。故事中说：一位农夫得到了一块玉，那玉晶莹剔透，美不胜收。农夫想要把它雕琢成一件精美的作品，但是他的手中只有一把锄头。很快，这块玉就变成了几块更小的玉，而它们的形状依然是石头的模样，并且越来越失去价值。

当时真是为那玉感到可惜，若它能够遇到一位能工巧匠，或者退一步想，那农夫若是能有一把合适的工具，或许那玉就能成为一件卓绝的艺术品而受万人景仰。但这不过是我的一点思绪波动罢了，那玉终究是碎了，实在可惜。

几天之后，我也得到了一块上好的，甚至可以说是举世无双的美玉，那就是你——我可爱的孩子。那一天，医生把你从产房抱出来让我看，你知道吗？那种感觉真的难以言表，不是一个"幸福"或"激动"就能描述的。当时的你，眼睛还没能完全睁开，皮肤粉嘟嘟的，一张小嘴悠闲地嚅动着……我突然想起那个寓言。如今我的这块美玉该如何雕琢？我会不会是那个农夫？会不会将我的美玉破坏掉？……那一瞬间，我感到了我从没有体会到的恐惧和压力。不是自夸，这么多年，爸爸一直自认为是个淡定的人，可与你的第一次相见就击毁了我所有的淡定。

随后，我一直都在思考这个问题，我到哪里寻找这把工具呢？不过后来，我终于还是找到了答案……

你还记得我有一位同事吗？就是那个扎着马尾辫的阿姨，你

岁那年，在我公司门口等爸爸下班时，她还给过你一块奶糖，当时你高兴得不得了（平时，不敢让你多吃糖，怕把牙齿吃坏，所以你见到糖总是欣喜若狂）。当然，让你叫她阿姨是因为她是爸爸的同事。论年龄，你叫她姐姐也不为过。她现在已经是我们公司总经理的秘书，但你无论如何也想象不到，这个貌不惊人的姐姐竟然只有高中学历。当然，你更想象不到的是，她能够流利地和三位不同国籍的经理交谈，他们一位是英国人，一位是法国人，还有一位是意大利人。

可想而知，三个顶级男人对这个其貌不扬的女孩儿该是怎样的佩服。但当她走进我们公司的时候，也度过了一段难熬的时光，经理们只是把她当作一个做杂事的小职员，那些零七八碎的事情都让她来做，甚至爸爸也曾经倚老卖老地指使过她（现在想来很惭愧）。但她不在乎，她抓紧一切时间学习，无论外语还是业务知识，她都不放过，每一分钟她都在学习中不断前行。

所以，你必须得明白，知识是有用的，拥有知识，就能改变人的精神面貌，继而改变人一生的命运。

拿破仑说："有人因过食而死亡，有人因喝多而死亡，更有人因无所事事而死亡。"人会无所事事显然是因为不知进取。一个真正积极向上的人，生怕自己会一生碌碌无为，所以，为了让自己更加完美，就会不断学习，不断用文化知识来充实自己。

其实，你最不愿意听"学习"二字，不是你不愿意学习，也不是你学得不好，而是你懒得听我们的说教，孩子都是一样的，都不愿意父母在耳边像唐僧念经一样"嗡嗡"地响个没完，你也不止一次地和我说"我知道该怎么做，我自己有分寸"。的确，你是个让人放心的好孩子，你一直没有给我们添过乱，无论上学，还是生活，虽然算不上出类拔萃，但也还算是井井有条，用优秀来形容也比较贴切。尽管如此，可是，怎么办呢？我们就是无法放弃任何一个"雕琢"的机会，希望你成为卓绝的美玉，所以还是要和你唠叨。

你还没有真正地深入地踏入社会，你的心思或许还是停留在蓝天白云、清风明月之间，对于知识的重要性也还没有太多的体会。

事实上，近十年来，人类的知识大约每三年就增加一倍，知识总量更是在以爆炸式的速度急剧增长，而我们每个人的所知都是极其有限的，若仅凭从学校里学来的东西，很快就会被淘汰。

说到这些，你又该有些不耐烦了吧，又该说我像个老学究一样"嘟囔"个没完了。是呀，我也觉得是这样。那好吧，我们谈谈男人，这是你今后恋爱、结婚都要用到的"知识"。

你知道男人常因为什么而对女人倾慕吗？美貌自然是一个优势，但并不绝对。要知道，男人看女人的眼光与女人看女人的眼光是不一样的。女人为了好看拼命减肥，男人常常会阻止女人这样"胡来"；但女人若是每天都要看书学习，却不会有任何一个男人感觉不妥。相反，男人们会对这个女人另眼相看。正所谓"腹有诗书气自华"，男人虽然也爱美，但若与知识和内涵比起来，常常还是后者占上风。

当然，女孩子每上一个台阶都是对自己的肯定和提升，而不是专门为了讨得男生的欢心和青睐，那只是女人有了才气之后的副产品。但不管怎样，女孩子要有自己的处世之道，要有自己的理财观念，要有自己的工作能力，要有自己的独一无二的精彩……而这些都需要你学习而来。

听爸爸的话：

　　任何时候，学习都是硬道理，它是提高个人素质和综合能力的必要手段之一。而且当你懂得了学习，收获的将不仅仅是知识……

你不要像爸爸一样偷懒

很奇怪吧,在你心中一向勤快的爸爸怎么突然说"不要像爸爸一样偷懒",没错,孩子我是这样说的。你知道,懒惰是人性中最典型的弱点。每个人都或多或少有犯懒的时候,爸爸不是圣人,也曾经不止一次地偷懒。

其实现在想来,偷懒并不可怕,可怕的是偷懒的时候总是抱着一种侥幸心理,总觉得就偷懒一会儿,就那么一次两次,没什么。但事实却并不是这样。你别不信,告诉一件事情,这件事其实我都"藏"了好多年,一直没敢跟你说,怕你生气,不过为了能够让你明白我说的话,豁出去了。

那是你两岁的时候,妈妈周末加班,奶奶出去买菜,就我自己看着你。早晨六点,你依然在酣睡之中,仰面朝天,两只小手搁在枕头上,一只小脚丫还搭在另一条腿上,真是可爱极了。大概你在梦中看到了糖果,竟然在睡梦中笑了起来,天使一般的你真的让爸爸迷醉了。

不过,世界杯马上就开赛了,意大利对阵德国,绝对的世界顶级赛事。你知道的,爸爸是个铁杆球迷,在这样的时刻,怎么可能丢下电视呢?于是,我来到客厅,全神贯注投入了球赛之中,中场时,我突然想起你会不会掉在地上(你睡觉时总是翻来翻去),要不要在床边挡上点什么,但被子只有一条,其余的需要翻箱倒柜,于是我在你最有可能掉下来的地方放上了一条被子。然后,继续观赛。

心想：就这样吧，不找被子了，小东西睡得这么香，哪那么容易就掉下来了。

悲剧就这样发生了，当我正在为意大利进球而欢呼时，听到了你的哭声，跑进屋子，你已经从我认为最不可能的那个地方掉到了地上……

看着你哭得肝肠寸断，看着你头部那一块淤青，你能够理解爸爸当时的那种悔恨吗？你扑在我怀里，两只小手使劲搂着我的脖子，好像爸爸是你的救世主。可是，正是爸爸偷懒了一下，才让我的宝贝女儿摔在了地上啊。从那以后，爸爸开始反思，人的一生其实就像一本作文选集，一件事接着另一件事，要想每件事都能有个完美的结局，非得你仔仔细细、一丝不苟地去做不可。谁若是想走捷径，想要省略一些看似不起眼的小程序，就可能导致整个事情的失败。所以，爸爸慢慢学着不再偷懒，所以，才有了今天这个让你还算满意的爸爸。

当然，现在的你暂时还不会遇到这样的事情，但你有属于你这个年龄的事情。比如学习。从你三岁上幼儿园开始，学习就一直伴随着你，直到现在。但你有没有仔细地回想过这些年的学习生涯，有没有发现，学习其实是一件很精致的事情？这不仅仅是课堂上老师所讲的那些课本知识，也有我们生活中需要学习的事情。

就在上个月，你和妈妈都去了姥姥家，家中只剩下我自己。突然静下来的家让我感觉日子很是暗淡，就连做饭也成了一种负担，每天做完饭，灶台也不收拾，吃完饭，碗筷也懒得洗。客厅、卧室更是一团糟，我总是想：今天先这样吧，反正没别人。一晃七天过去了，家里的厨具几乎被我用了个遍，脏衣服堆得到处都是，沙发上几乎连坐的地方都没有了。

但就在这时，一位同事说要到咱们家来坐坐，我没法拒绝。于是，到了必须要整理的时候了，但是厨具上连日来积聚的污垢早已不是那么容易清洗了，我费了整整半天的时间在厨房，只是清洗那几件平常三两分钟就能清洗好的厨房用具。还有客厅和卧室，也是

好不容易才挪出一些地方，供客人坐下。当时，真后悔为什么要偷懒，弄得现在如此狼狈。

其实，生活也是一样。就像那些因为一时懒惰疏于清理的厨具，渐渐地蒙上"尘埃"与"污渍"。如果总是不警醒，不能及时动手"清洁"，而任凭污渍越积越多，那么生活也许迟早会像被油污重重污染、无法彻底清洁的厨具，要么你花大价钱再去买一套，要么就得别扭地凑合着。

无论生活、学习或是工作，又或者是日后的婚姻，都不是件容易的事。所以，我们总是要学会及时擦去那些因琐碎生活、岁月长河给生活本身带来的"尘埃"，不要懒于付出，不要疏于维护，只有这样，生活才能常"拭"常"新"。

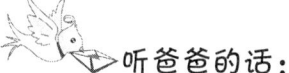听爸爸的话：

懒惰是生活中的大敌，如同一枚糖衣炮弹，你只能感觉到它最初带给你的"甜"和最后带给你的"苦"。

书中自有黄金屋

我小的时候生活在农村,由于大人们需要劳作,所以小孩子只要不磕着碰着,只要能吃饱穿暖,其余的大人是不用操心的。至于读书识字,那更是要等到七八岁时,看家里有没有条件再来决定了。

幸运的是,在我7岁的时候终于上了学,开始认识"大、小、人、口、手、上、中、下"等汉字,并越认越多,终于等到二三年级的时候能够自己读书了。从那以后,我便开始了我的读书旅程,先是上学时候的课本,后来就读小说,还有我们那个时候独有的小人书,什么《西游记》、《红楼梦》、《霍元甲》我都看过。大概是在上初中的时候,有那么一阵子特别迷恋读书,甚至你爷爷年轻时看过的《聊斋志异》我都翻看过。但是,再之后,对读书的热情有所减弱,也可能是由于需要高考的缘故,书渐渐读得少了,发现身边的同学也都不那么热衷于读书了。虽然我偶尔还是会翻看书籍,但读书多数时候成了一件值得回忆的事情。

直到现在,我再也没有像先前那样迷恋读书。不过正所谓"失之东隅,收之桑榆",虽然读得少了,但却发现了读书中的一些蹊跷。

一个人,再怎么爱读书,也不可能将所有的书都读尽。更何况,有的书值得读,有的书只要翻翻,而有的书连翻看也不必。那些值得读的书,我常常是读了一遍又一遍,仍旧回味无穷;而另外一些书,则翻一番就放回书架了,今生今世都可能不再碰它;甚至有些书看了觉得实在无趣,干脆当做废纸卖掉了,此生不复相见。

可什么书值得读，什么书不值得读呢？这是个仁者见仁、智者见智的问题。关键是怎样读书才是最好的。

最初读书的时候，我总是要做笔记，比如读到什么地方觉得好或是有感触就记下，让以后的自己读它而不用再读原著。但是后来我发现，自己几乎从来没有翻阅过这些笔记，于是便不做了。这样读起书来可以读得飞快，并不会有累的感觉。

还有一点，不知道你有没有注意，我读书总是爱窝在床上，据我自己的统计，得有90%以上的书我都是在床上读的。这当然不符合用眼卫生，虽然如此，如果你愿意我是不会反对的。因为这样读书符合另外一种科学——身体静了，书才读得下去，才能读得有意义。

我总认为，读书应该是最纯粹的，但这一观点一直以来都没有得到我的历届老师的认同。还记得上高中时，课本上曾经有《红楼梦》的选段，具体是哪一段现在记不清了。但看完后，老师让每个同学总结中心思想。想必你对"中心思想"这玩意儿也不陌生吧，语文课几乎每篇文章都要弄出个中心思想，我对此很是不屑。或许是由于正处于青春的叛逆期，当老师让我对那一段《红楼梦》发表看法时，我只说那文字有多美，人物有多么形象，老师一再追问中心思想，我明知道老师想要让我说什么封建思想之类的话，但我却发表了我的另一番"高见"，我说："我不知道，或许曹雪芹写的时候也没想这么多，我觉得我们读书应该是一种享受，一种对自己内心灵魂的净化，而不是挖空心思去想甚至杜撰作者当时写它的目的，况且我们不是作者，我们哪里能知道得那么准确，与其乱猜，倒不如安安静静地享受文字本身的美妙。"

可以想象，我当时把语文老师气得脸红脖子粗的"盛况"。当然，课后被叫到办公室挨批评也是"水到渠成"。好在，我的老师并不是"学究"式的人物，他在某种程度上是认同我的观点的，只是告诉我说像我说的那种读书的方法现在还不适用，因为面对高考，"个人英雄主义"是要吃大亏的。我也明白了老师的苦心，有时候我们不得不在一些事情面前放下自己。这也正是我要告诉你的：读书和读课本是不一样的，如果是读书，你尽可以有自己的想法、理论、爱好以及方法；但面对考试，面对语文课本，还是最好先学会找"中心思想"，等日后还有的是时间来把读书作为一种纯粹的享受。

我到现在依然觉得，读书是很纯粹的事情，你只消享受读书时的乐趣，顺便学几句精彩的言论就很好了，如果你能够领略了其中的深意那自然是再好不过的了。至于企图，当然不要妄想，一本书，若你读的同时还想着借助它来升官、发财，或是想着其中会有"颜如玉"和"黄金屋"，那么这本书就彻底完蛋了，它就从一件艺术品变成一件工具了。更重要的是，这样一来，你所能读的书就越来越少了。读书若不能越读越宽广深入，也就没了读书的兴致。若没了兴致而硬生生地去读，读书就成了一件苦差事。

读书还有一种乐趣，那就是"挑刺儿"，如果你能将一本书读出一些破绽来，也就算没有白读，哪怕是找到一个错别字也不算少，或是厉害的也有将整本书都据理否掉的，那就太牛了。我有一个作家朋友，最爱以"小人之心"将古人的词句改上一改，并常常因此而生出许多的幸福感。他曾经读杜甫的《饮中八仙歌》："李白斗酒诗百篇，长安市上酒家眠。天子呼来不上船，自称臣是酒中仙。"他说这首诗读起来好像很是写出了李白的桀骜不逊，但其中有一个字还是破坏了这气氛，若是把"臣"改成"爷"，那醉意、那神气就全出来了。

不管哪一种读法，多读一些书总是好的。只是现在愿意读书的人越来越少了，尤其是电影、电视、舞会、音乐茶座等，都使得人们读书的时间越发少了。据说，在美国，有人将名著录进磁带，只听就可以，而且这个做法还很是时兴。不过，这个方法虽然简单，但却失去了读书的乐趣，若是我，宁愿在冬夜躺在被窝中，捧一本好书，读到夜深人静，读到东方泛白，这才是无上的享受呢。

听爸爸的话：

读书是一种享受，哪怕是语文课本也一样有无限精彩，当你学会了在读书中享受生活，一切美好都会变得顺理成章。

没有什么比知识更可靠

正如你所看到的,爸爸并不是什么出类拔萃的人物,所以我也不认为自己有什么资格能够给你有价值的人生忠告。相反,倒是在守望你长大的日日夜夜里,看着你从蹒跚学步到亭亭玉立的变化,看着你一天天成长的无言喜悦,与你一同生活所带来的启迪、挑战和思考,使我更清醒地感受一遍童年,这是你带给爸爸的最独特的收获和快乐,就这一点来说,爸爸真的非常感谢你。

回顾爸爸的生平,如果要说可以给你一点来自亲身体会的忠告,我想,一切莫过于"知识"两个字。我总认为,所有的事物都可能背叛你,只有知识不会,只要你掌握了它,它就会永远对你效忠。

爸爸的少年时代是在一个离县城20多公里的小村庄度过的,那时的岁月贫困而寂静,贫乏得近乎蒙昧,好在拜你的祖父母所赐,他们省吃俭用竟然把我送去上学了。由此,我学会了识字和阅读——我想,这也是他们所给予我的永世不能报偿的恩惠。在那个刚刚能够填饱肚皮的年代里,大人们"日出而作,日落而息",而我除了上学,也还要帮助家里做一些家务。你不妨想象一下,假设现在网络瘫痪、电视信号消失、手机、收音机等一切与外界联络的工具统统不能启用,你会不会感觉要发疯了呢?我上学的时候,就是这样的状况,没有互联网、没有电视、绝大多数家庭里甚至连收音机也没有。所以,在每日的辛劳之余,偶尔得到的任何可阅读的材料,都显得如此珍贵。

学校距离村庄大约有三里的路程,每天放学,我们几个孩子总要沿着一条据说是沿古老驿道修建的柏油马路走过，然后再穿越一小段田间小路。对于我们来说，田间小路其实要比柏油马路更有吸引力，因为在田间小路的旁边有一棵非常高大的大柳树，一年四季总能在那里找到好玩的东西，比如：春天折柳枝做哨子，夏天折柳枝做凉帽，秋天躺在落满地的柳叶中打滚儿，冬天则可以用雪球比赛看谁能砸中最高的地方……

记得是一个春天的傍晚，夕阳很温馨，我们兴冲冲地从马路转入小路上，跑到大柳树下面戏耍。突然，我发现半张不知道什么人丢弃的报纸，那半张报纸被揉成了团，难看得要命，但我们仍视若珍宝。四十年过去了，但我现在依然记得，报纸上有一条外国客人来访的新闻，标题上写着《葡萄牙……》——哈，竟然有叫葡萄牙的国家！这是多么奇怪的国家名称啊，我们几个孩子又是好笑又是惊讶，猜想着那里会有什么样的风景、那里的人穿什么样的衣服、吃什么东西……大家众口不一，但有一点大家都一致通过，那就是：这个国家肯定种满了葡萄，人们天天吃葡萄，所以牙齿跟别人不一样。

当时的惊喜、讶异和好奇是那样的强烈，直到后来我才慢慢了解，其实那是关于遥远事物的求知热情。而正是那个让人一头雾水的"葡萄牙"令我燃起了对于世界的地理、历史和民族文化的不懈热情，所以，在今后的学习间隙，我阅读了大量此类书籍，这让我时常能够获得他人的赞许和崇拜，也对我今后的工作和学习有着非常大的帮助。

至于人生的目的和意义，爸爸虽然也曾不断地思考，但直到现在仍然没有得到任何明确的结论，我只能说，就我的亲身经历来说：人生最大的快乐和动力源自对知识的渴求，获取知识的快乐与感受是无与伦比的。在学习各种知识的过程中，我总是有一种感觉，觉得自己不仅生活在现在的时空中，同时还生活在一个更大的时空，就算大地尽头的人和事或是物理上早已消亡的人和事，也可以通过求知的过程与自己的生活水乳交融地连接起来。所以，只要有知识在，一个人就不会是一座孤岛，这种独立又融合的体验，让我感到安心。

现在我要和你谈谈求知的方法，其实这个充满喜悦和快慰的过

程，总结起来说，不外乎三种方法：从师、观察和读书。

从师是每个人都要经历的最起码的阶段，你在学校里，老师会教给你语文、数学、自然、地理、历史、物理、化学、英语等各门课程，但这些还不够。你应该把从师作为一种终身可以引以为援的生活方式，古人说"三人行，必有我师焉"，所以即便结束了学校的师从，你仍然应以谦虚的态度与他人作知识的沟通和切磋，并借此提升自己。

观察则是开启你求知欲大门的钥匙，春花秋月，夏雨冬雪，山川河流，日月星辰，人文历史，异域风情，乃至麻雀啄食、蚂蚁搬家、雨滴坠落、小草发芽，你都要用眼睛去看，用耳朵去听，只要你稍加耐心就会发现，即使在最熟悉的地方，也总能找到最令人震撼的风景。如果你能做好这一点，那么我想你已经走进知识的门槛之内了。

至于阅读，其作用绝不是你现在想到或看到的这一点，它既是获得知识的最友善和便捷的方法，也是最经济和最有益的娱乐活动。读书不一定能够读出"黄金屋"和"颜如玉"，但如果你喜欢阅读，那么你的心就永远不会空虚，因为昨日经历的欢闹可能转眼淡忘，而你读到的书上的某个句子、某个场景、某个人物的悲喜，却会永远填补着你的心灵！

亲爱的女儿，从你稍微懂事开始，爸爸就一直在尽自己的能力，给予你安全的保护和知识，但你得知道没有人能够照顾你的一生，当你走上爸爸无法踏足的更遥远和未知的路，当你在爸爸无法想象和企及的大世界构筑你的生活时，你必然要经历无助和困顿。那时候，爸爸可能早已无能为力，但你所掌握的知识和你的求知能力，将是你最忠实的依靠和伙伴。

听爸爸的话：

正如你所知道的，雅典娜不仅是智慧女神，也是战争之神。当你四顾茫然时，只有她能帮助你保持超越现实的勇气，并指引你正确的方向。

汲取知识，不只是在课本上

前一段时间，我们公司上下都在组织学习，由各个部门的领导带头并安排下面的员工进行。学习的内容五花八门，有我们工作需要的专业知识，有与工资相关的《个人所得税法》，还有《劳动法》，甚至日常保健、人际关系等。学习的方法就是每天下班后利用十几分钟的时间拿着材料由部门领导宣讲一下，但坚持了一段时间，我们发现这样的方式让员工很不乐于接受，他们给出了几点理由：

第一，这些东西未必是每个人都需要的，对于不需要的人来说就是浪费时间；

第二，这些知识在哪都能学到，这样像小学生一样宣讲太没意思了；

第三，每天固定拿出时间来，太过于形式化。

在这几条理由当中，第二条给我的感触最深。的确，知识无处不在，只要有心去学，在哪都能学得到。想到这儿，我便打开电脑，想写一份建议书给我的领导，希望换个方法让员工们学习。事也凑巧，我刚打开电脑，屏幕上就弹出了一条新浪博客上的新闻，于是我不由自主地打开了你的博客。那是我专门给你建的博客，从你在妈妈肚子里扎根的时候就建立了，里面记载了你成长的一点一滴，本想作为你18岁时的生日礼物送给你，但是终究还是留了下来，成为了我自己的私人空间。（当然，如果你愿意看，我会给你网址的。）

说远了，回到正题上。我打开你的博客，看到那么多记录着你成长的文章，随便打开了一篇，那是你五岁时给我讲的一个小故事

我现在还依稀记得那是我把你从幼儿园接回来的路上，你说："爸爸，我给你讲个故事吧，故事的名字叫《鸭嘴兽上学》。"故事的内容是这样的：

森林里贴出一张布告：哺乳动物学校招收新生了。

鸭嘴兽妈妈对儿子说："你去报名吧，到学校去学知识。"小鸭嘴兽早就盼望着上学这一天了，说："明天一早就去报名。"

第二天，小鸭嘴兽早早地起了床，穿上新衣服向学校走去。穿过一片树林，哺乳动物学校就到了。哈！学校真漂亮。

很多很多动物都在排队报名，小鸭嘴兽连忙排在队伍的末尾。

长颈鹿问："哎，小鸭嘴兽，这里是哺乳动物学校，你来干什么？"

小鸭嘴兽一听非常生气，说："怎么你能来就不许我来。"

长颈鹿说："我看见你是从蛋壳里孵出来的呀。"小鸭嘴兽说："这么说你们都不是从蛋壳里孵出来的吗？"长颈鹿指着许多动物说："我们都是胎生的，是哺乳动物，而你不是。"正在登记的熊猫老师听见说话声，走过来问是怎么回事。长颈鹿把事情讲了一下，熊猫老师说："是的，你不应当来这里报名。"

小鸭嘴兽回家见了妈妈埋怨说："你不该让我去哺乳动物学校报名。"鸭嘴兽妈妈问明了情况，带着小鸭嘴兽去找熊猫老师。

"你为什么不让我儿子报名？"鸭嘴兽妈妈质问道。"因为你们是卵生的，属爬行类动物。"熊猫老师认真地说。鸭嘴兽妈妈说："你弄错了，我们虽然是卵生，但属低级哺乳动物。"小鸭嘴兽也说："对，你没看见我每天吃妈妈的奶水吗？"鸭嘴兽妈妈没有奶头，但是腹部有流出奶水的小孔。

熊猫老师红着脸说："噢，原来是这样。好吧，我给你登记。"

你知道吗？当时你就是这样一字不差地把整个故事背了下来，我那时有多惊讶呀，心想：这个小家伙竟然能够一字不差，背得如此流利。而且你当时抑扬顿挫的语调更让我觉得你简直是个演讲的天才，我甚至有好几次都拿这件事来向人炫耀（的确是炫耀，父母们大概都有一个通病，总爱和人提起自己孩子的能耐）。

不过，这一次我再读这篇博文时，发现了另外一件事，原来鸭嘴兽是卵生的哺乳动物，以前我竟然不知道，更重要的是，我发现这个知识竟然是我5岁的女儿教给我的！于是乎感慨：知识就像空气，围绕在生活的每一个角角落落，只要用心，总能学得到。

我记得你也不止一次地和我抱怨，说整天看书手都翻出茧子来了，虽然能够学到东西，但时间长了，心情总不免有些压抑。是呀，你看，你也发现了这个问题，仅从课本上学知识是不够的。

不过，课本也有课本的好处，千万不要因为我的观点而对课本不屑一顾，虽然书本涉及的知识范围比较小，但由于课本上对局部知识的介绍脉络清晰，语言平实，最容易被接受，而且课本上的知识相对来说也最为准确和可靠。

但现代社会毕竟是一个信息社会，人们获取知识的途径早已是五花八门，报刊杂志、广播电视、电脑网络、图书馆、阅览室等都可以成为获取知识的好途径。那么，我想说的是，你如何感知知识的存在？答案其实只有两个字——用心。

当你听一首歌曲时，你可以想象那些旋律或歌词的含义；当你品尝一道佳肴时，可以想想它的做法和原料；当你乘坐公交或地铁时，可以听听里面的英文解说；当你划一条小船在湖上徜徉时，可以看看船桨掀起的漩涡；当你到图书馆借书时，可以看看书的排列有什么规律……

你看，这些随处可见的不都是知识吗？对于知识的获取，我已经讲了很多。从现在开始，你必须要亲自试着在生活的各个角落来拾起那些宝贵的知识，无论在家、在学校、在路上、在公园，你都要多听、多看、多思考，我想你一定会成为一个随处都能发现知识、获取知识的漂亮女孩。

 听爸爸的话：

　　知识就像人世间的美，只要善于发现，总是会有的。不要把自己囿于书本，尽管那也是获取知识的好途径，但毕竟有限。

尽信书不如无书

最近一段时间真是让人纠结，就连吃饭都成了难题。你知道为什么吗？说来自己都觉得有点不可思议，起因是两个月前我买了一本书，书名叫《这样吃饭不生病》。原本我只想买来研究一下看看每天都应该吃些什么，各种食物都具有什么样的营养。但是买回家看了几页，不幸的事情就发生了。

书的第一个小节告诉我"肉类食用窍门"，如：如何鉴别注水肉、如何鉴别瘦肉精肉、如何鉴别病禽肉等等。那天，我去超市买肉，就想按照书上的方法来鉴别一下，毕竟我也想吃到放心肉不是？于是，我在肉类专柜前打起了转转，拿起哪块肉都觉得不地道，盯着看了半天，感觉像是书中所描述的样子，又不太像，翻腾了半天，身边两位大妈竟然嘀咕我说："呦，你看，现在年轻人像他这么仔细的还真少，别说是个大老爷们儿了，女的都不多见……"

我当时真是非常尴尬，假装没听见赶紧放下猪肉走了。可是晚上总得吃饭呀，那就买鱼吧，绝对不会有注水鱼或是瘦肉精鱼，可不凑巧的是，我一眼就看见有一条鱼的鱼腹发黑，顿时想起书中说"目前很多淡水鱼鱼塘几乎与垃圾池无异"以及"海水鱼为了防止腐烂用福尔马林浸泡"等句子，想想都害怕，哪里还敢买？

打道回府吧。妈妈回来后看着家里锅清灶冷的样子问我："没做饭啊？"我向妈妈说明了理由，妈妈白了我一眼说："听蝲蝲蛄叫还不用种地了呢！"蝲蝲蛄是一种昆虫，专门祸害庄稼，但是几乎所有的农田里都有这种东西，所以农民们也不拿它当回事，该种地种地，

到了秋天也一样有收成。

听了妈妈的话我也有茅塞顿开的感觉，都吃了这么多年了不也好好的吗？再说要是按照书上说的条条框框来生活，那岂不是得要饿死？于是，我拉起妈妈就奔了楼下的饭店，要了一份水煮鱼，管它有没有福尔马林呢，管它是不是垃圾池里长大的呢⋯⋯

当然，我并不是说这书就多么的不值得看，只是"尽信书不如无书"，你若按照他的观点：肉不能吃了，那么蔬菜呢？还有大量农药残留，也不吃了吗？那么吃粮食吧，还有转基因了。难道等着饿死吗？当然不会，大家虽然会看这样的书，但也知道取舍，"取其精华、去其糟粕"。

其实，看任何书都一样，都要学会取舍，不然肯定会把路走偏了。俗话说："尽信书不如无书，尽信史不如无史。"不"尽信"并不等于全不信，而是说我们不能盲目尽信，得有独立思考的精神，不能人云亦云，任人忽悠。

我一直都喜欢读书，起初是由于条件所限没有那么多书让我读，后来到了大学可以读的书多了起来，尤其是学校的图书馆，我更是经常泡在里面。有一次，看到克利夫顿·费迪曼的一本书，叫做《一生的读书计划》，我感觉我一定得读一读，主要是他在书中推荐了很多据说值得一读的书。我拿笔把他推荐的那些书一一列了出来，准备日后都读一读。但是，让我没想到的是，接下来我马上看到书中说了这样一句话："这些著作（指他推荐的书）应该一读再读，25岁读柏拉图跟45岁时读柏拉图的感受是不同的。"天哪，这是一句多么让人沮丧的话啊！假如我们25岁时没有读过柏拉图，那到了45岁时还要读他吗？！

不仅如此，我还发现，就算我忠实地跟随克利夫顿·费迪曼他老人家的计划去读书，也是我力不能及的，因为他所说的很多书我都找不到。况且我发现，要是这样阅读的话，那么读书就仿佛成了一项任务，毫无乐趣。所以，我干脆还是看到什么自己喜欢的书就看，没有也不需要按照老先生的计划来读书。

古往今来，不知有多少关于书的礼赞，像"读书破万卷，下笔如有神"、"发奋识遍天下字，立志读尽人间书"、"书是唯一不死的东西"、"书籍使人们成为宇宙的主人"……的确，书是人类拥有专利的恩物，也是很多人崇拜的神圣对象。但真理尚且不能放之四海而皆准，一本内容丰富繁杂的书又怎么可能其所有的内容都对所有的人适用呢？

更何况，现在出版业大大发展，日出一书的出版社比比皆是，书籍真可谓是汗牛充栋。这当然是显示了现代出版业的繁荣盛况，但这"高产"之下也就难免出现"无错不成书"的情况。有的教科书中甚至都有可能出现这样那样的错误，我还记得你在六年级时指出过书中的一个印刷错误呢，你也还记得吧，你为此得到了老师的大力表扬，说了一大通你看书仔细认真的话。

书不是万能的，就像金钱不是万能的一样。任何事物都有其自己的适应性，一本别人爱不释手的书籍，你未必能瞧得上眼，一本他人不屑一顾的烂书，在你看来却可能是难得的宝贝。这就说明，一本书总会有一些内容对你来讲并不适用，所以，你若读书一定不要傻呆呆地把自己完全交给书，你一定要保持自己的判断力，知道哪些东西可以用，哪些东西不能用。

听爸爸的话：

不管你读的是课外书还是教科书，都要保持一份清醒，明白书的作用是给我们提供建议，而不是强迫我们行动以及思想的教条。

第二章
网络，提升自己的必备工具

网络的发明是整个人类的一大进步，整个世界都因网络而联系在了一起，而且我们每一个接触过网络的人也都或多或少从中获益。但是，网络如同你们这个年龄的孩子，给人很多意想不到的惊喜，但也可能惹出许多麻烦。

网络让你与全世界联结在一起

说起网络，你其实比我明白多了，平时看你上网，玩这玩那，我总是一头雾水，虽然我接触网络比你早。记得那时你还小，我已经在单位学会了上网，家里也买了电脑。但是那时网络刚刚开始兴起，我对网络的了解十分有限，每天打开电脑无非是玩几个平常的游戏而已。直到有一天你小姑来咱们家里，正在上大学的她有大把的时间泡在网吧，所以，对网络比我要精通得多，看到我就那么单调地玩着几个游戏，说给我一台能上网的电脑简直浪费了。于是，她教我学会了上QQ，建立MSN，还给我"领养"了QQ里的宠物企鹅，可惜由于没有经验，一连养死了好几只，虽然没有什么花费，但可惜了那几只可爱的"小生命"了。

不过爸爸真的还是挺感谢你小姑的，你知道吗？那时爸爸工作并不顺利，在公司里奋斗了好几年却没有丝毫被提拔的迹象，反倒是几个后生都摇身成了我的同级甚至上级。这当然是与我的能力有关，但不管怎样，面对这种情况，人总是难免有点心理不平衡，我也一样。好在那几只小企鹅可爱得不得了，每天它们欢快地和我打招呼，说再见，还会向我要吃的，脏了要洗澡……那感觉就像你在我身边撒娇一样，使我的心情好了很多。

还有一点让我高兴，甚至有点兴奋的是，在QQ企鹅社区里，结识了另一只企鹅，它们两个成为了好朋友。于是，我也和那只企鹅的主人交流了起来。他说他是中国人，但现在被公司外派到美国，美国人最不爱抱怨，他们能够坦然承认他人的能力和成绩，给我举

了很多例子，让我觉得自己的不开心实在太"小气"了，于是心里释然了很多。

可是，你知道吗？这都不是令我最兴奋的，最令我兴奋的是，那人竟然是我高中时的同学。当然，最开始的时候，网络是很纯洁的，不像现在很多人都不讲真话，甚至利用网络来诈骗。后来，他回国后，我们还见了面。或许你还记得吧，就是那个梳辫子的叔叔，当时他来我们家里的时候，我让你叫他叔叔，你还忽闪着两只大眼睛看着他的辫子表示疑惑呢。

所以，网络真是个奇妙的东西，原本已经多年不曾联系的朋友竟然通过网络在大洋彼岸再度相认。那一刻，我真是感慨，这个看不见的大网里，原来不止是那些大大小小的游戏，还有无数根线连接着世界的每个角落。

当然，对于这些你自然是明白的。因为你现在也通过网络认识了不少人，而且你还和一位英国少年成了好朋友，并为此而努力学习英语，虽然后来你们到底还是失去了联系，但你的英语成绩却大大提高了。

虽然你对网络，确切地说应该是互联网并不陌生，但我敢打赌，你并不知道互联网究竟是怎么回事。那好，我通过网络搜索（我对网络也知之甚少，但通过网络我就可以了解它了）得到以下解释，分享给你：

1. 通过全球唯一的网络逻辑地址在网络媒介基础之上逻辑地链接在一起。这个地址是建立在"互联网协议"（IP）或今后互联网时代其他协议基础之上的。

2. 可以通过"传输控制协议"和"互联网协议"（TCP/IP），或者今后其他接替的协议或与"互联网协议"（IP）兼容的协议来进行通信。

3. 可以让公共用户或者私人用户享受现代计算机信息技术带来的高水平、全方位的服务。这种服务是建立在上述通信及相关的基础设施之上的。

对于上面这几点不知道你能不能看懂，反正我是看不懂，因为这是从技术的角度来定义互联网的。虽然如此，我还是通过这个定义至少看到了三个方面的内容：首先，互联网是全球性的；其次，互联网上的每一台主机都需要有"地址"；最后，这些主机必须按照共同的规则（协议）连接在一起。

这样看来，就是说网络是能够将全世界都联结在一起的，人们可以通过网络与远在千里之外的朋友相互发送邮件，或是共同完成一项工作，也或者共同娱乐。而我们身为互联网的一份子，尤其是你这个小网虫，当然也被包含其中，说不定将来你出国了，我也可以感受一下从地球的另一端传过来的你的视频和声音呢。

所以，尽管目前网络诈骗很疯狂，但不要"一叶障目，不见泰山"，网络依然如同一大管胶水，把全世界都能粘在一起。

听爸爸的话：

人们总说"心有多大舞台就有多大"，而我想说的是，你想走多远，网络就能带你走多远，就算是天涯海角，对于它来说也轻而易举。

"百度"你所有想了解的知识

马上又要到年底了,真是有点忧心忡忡,不为别的,只为年终总结报告。每年年终的时候,单位所有的部门经理都要写一份厚厚的年终总结,由于去年终于成了中层领导,所以我也有份报告要写。

你知道年终报告要怎样写吗?以往大家都只是随便凑合一下,不过是些固定的空话套话,如"工作总体完成不错"、"收到了很好的效果"、"受到了领导和员工的一致赞同"、"明年继续努力"等,毫无新意和实用价值。

不过去年,我发现了一个天大的秘密,在"百度"上,输入"年终总结"四个字,然后一个回车,立马出来很多年终总结的范本,脉络清晰、用词恰当,方方面面都提点到位。从那以后我才知道,一份好的年终报告要有标题、引言、正文、结尾四部分。而且,标题有单行标题和双行标题两种,包括对象名称、时限、主题、文种四部分;引言可有可无,但它可以引出正文,简简单单就好;正文需占全文 2/3 以上,要包括:一年中主要工作基本情况、取得的成绩、存在的问题、今后的打算等;结尾简短,给出结论或说明努力的方向等。

如此的详细让我感到眼前一亮,于是,我当即套用了一篇,结果可想而知,我成了"万绿丛中一点红",得到了领导一顿狠狠的表扬。

但是今年仅仅套用人家的模式恐怕是不行了,自从去年我把"经"传给大家以后,每个人都在拼命找适合自己的范本,这样一来，大家又都变成一个样了，不挨批评才怪呢。所以，等哪天有时间了，得赶紧再"百度"一下，看看年终总结有没有什么创新。

　　说到"百度"我倒是有个感觉，那就是很少见你在上面找东西（你的多数时间还是用来聊天和玩游戏），其实，百度真的像一个百科全书，是一个大宝库，只有你想不到没有你找不到，真可以说是上至天文、下至地理，博古通今，贯穿中西，凡是你想知道的知识没有它不知道的。而且，利用"百度"实在是太方便了，你只需要动动手指输入几个关键字，然后一个回车，那么相关的内容就都显示出来了。

　　是不是又想对我翻白眼了？小鬼。我当然知道你对此了如指掌，但关键是你似乎从没有好好利用过这一点，你知道我在上学的时候，为了知道一个词的意思要翻多少次字典吗？那个时候能有一本64开的《新华字典》就已经很了不起了，只有极少数家境阔绰的孩子能有一本32开的《现代汉语成语词典》，我当时是没有的，那本蓝色的《新华字典》都已经让我美不胜收了。还记得我上小学三年级的时候，从收音机上听到了"运筹帷幄"这个词，很想知道什么意思，手边的"老师"就只有《新华字典》了，可是你知道爸爸当时找得有多辛苦吗？首先不知道这究竟是哪几个字，于是只能从"音节表"中找到"yun"，然后找到那一页，把所有读"yun"的字都看一遍，企图从中找到这四个字，但是找了一整遍，眼睛都酸了，就是没找到。后来，等到第二天上学，跟人借《现代汉语成语词典》，又用同样的方法，才找到了。所以，直到现在我对"运筹帷幄"这个词仍旧有种特殊的感情。

　　但是，现在不一样了，有了网络，就算你不会写这几个字，只要用拼音打出这几个音，成语就自己出来了，然后一个回车就万事大吉了。当然，网络有它便捷、百纳的独有优势，但这并不是说读书就不必要了。书籍永远都是人类最好的朋友，虽然不能说"书中自有颜如玉，书中自有黄金屋"，但读书的乐趣和悠然是任何其他事情（包括网络）都不能代替的。只是，如果仅仅作为查找资料的工具来说，"百度"、"Google"等则要方便得多了。

啰里巴嗦地说了这么多，就是一个意思，好好利用"百度"等搜索引擎，当你有什么不明白的事情，不方便与人探讨时，不妨多用用它们，多数情况下你都能得到满意的答案，因为"百度"实在是包容了太多的东西。有时甚至感觉它有点像如来佛祖，肚子里面满是经文，可以度化所有的人，有人迷茫时，它便出来指点迷津，你哪里不明白它就指点你哪里，而且不厌其烦。不过，虽然通过百度得来知识很容易，但这并不会降低知识本身的价值，只是我们用了一种更先进的方法而已。

当然，你需要注意的是，百度里面的知识未必全都正确，你得学会筛选，有一些信息也是没有经过斟酌和查证的，比如一些医学知识，有关疾病的文章等都不能随便相信，甚至胡乱试验。而那些科普知识，则可以多看看、多学学，益处多多，如果你整天守着电脑，却还是这也不知道那也不知道，就有点可惜那电脑和网络了。

在网络上学习知识远比查找工具书快得多，所以当你碰到一个不知道如何作答的问题时，先不要说不知道，上网"百度"一下再说。

网络,让你"鬼点子"更多

我还年轻的时候很喜欢听台湾音乐人周华健唱过的一首歌,叫《让我欢喜让我忧》,其中有两句歌词说"给我关怀为我解忧,为我平添许多愁",那时爱听是因为感觉这句词真是唱出了所有恋爱中人的心声。的确是这样,爱情中的男女总是有着数不尽的欢喜和忧愁,每一个人都是对方的"优酸乳",又酸又甜。

其实,不止是爱情,生活中很多的事都让我们又爱又恨、喜忧参半,这之中也包括网络。网络的神通就在于不仅能够让你找到你想要的各种知识,更能够给你发明许多"鬼点子"去捉弄人。我就这样被人坑过。

就是在前年暑假,你和同学们出去游玩,我和妈妈为了更换家具跑遍各个家居广场。就是想不到,一向温婉贤淑的妈妈竟然捉弄我。那天,正在逛一家家具市场,我突然内急去了厕所。

说来也巧,就在这时,手机响了,我一看号码是我们总经理打来的,不敢耽搁,立即接了电话,但电话那头却是女人的声音,说:"你是某某吧?你到单位来一下吧,出了点事儿。"我的第一直觉是单位出大事了,这肯定是经理助理打来的。于是,我立马从厕所跑出来,跟妈妈说:"我先送你回去吧,公司可能出大事了,我得赶紧过去一下。"妈妈一脸茫然,但很肯定地支持我说:"哦,那你去吧,我自己回家就行。"一边走一边说:"能有什么大事啊,这不周末吗?"我也觉得蹊跷,但想到前些天公司正在为股权问题闹纷争,便认定是这个事儿。妈妈也似乎觉得有理。于是和我一起向外走,但

是走到门口，妈妈突然对我说："你别去单位了，我觉得没什么大事。"我疑惑不解，"你怎么知道。"这时，妈妈露出了狡黠的笑容，说："那电话是我打的。"我更疑惑了。妈妈又解释说："我昨天晚上偷偷把我的号码换上了你们经理的名字……"接下来是妈妈的捧腹大笑，她甚至笑得蹲在了地上，不少人投来异样的目光……

你知道吗？那一刻我真是哭笑不得，觉得又可气又好笑，不过让我纳闷的事，妈妈可不是这么爱搞恶作剧的人。大约10分钟后，妈妈终于笑得没有了力气，扶着我站了起来，我问她哪里来的鬼主意，她就只说了两个字"网上"，接着又笑得弯下了腰。

怎么样？网络很神奇吧，就连一向贤淑的妈妈都从中学到了这么有意思的"鬼点子"。网络上总是不乏高人，有时候他们的一席话会让你茅塞顿开，有时候他们的某一个想法正合了你的胃口，让你也灵光一闪，于是一个极富创意的念头就产生了。大概妈妈捉弄我的念头也是这样灵光一闪吧，不过那天真的觉得妈妈好可爱，她竟然从网上弄了这么鬼灵精怪的主意出来调剂我们的生活。

所以，网络不仅是供我们消遣的，有时候它更能够成为我们的工具书，借助于它，常常能够找到很多好玩的东西。

我还记得上中学时，在语文课本上学过荀子老人家的一段话，他说："吾尝终日而思矣，不如须臾之所学也。吾尝跂而望矣，不如登高之博见也。登高而招，臂非加长也，而见者远；顺风而呼，声非加疾也，而闻者彰。假舆马者，非利足也，而致千里；假舟楫者，非能水也，而绝江河。君子生非异也，善假于物也。"

关于这段话的意思相信你也早就烂熟于胸了，无非是说君子的本性跟一般人没什么两样，只不过他们善于借助外物罢了。至于什么人是君子，我当时也没整明白，不过现在看来，大概就是"牛人"吧。当然，我们不能排除有些牛人就是极具天赋，他们不用努力、不用"假于物"，什么都不用就能做得很好，但是我们更不可否认的是一生下来就天赋异禀的人毕竟是少数，大多数都是普通人（比如我，比如你）。而普通人要想成为牛人，自然还是借助一点外力来得更轻松。

如果仅仅利用几分钟的时间点一点鼠标，就能给你带来灵感，何苦挖空心思、殚精竭虑呢？所以，时常看看网络上那些好帖子，一些大的论坛也要常去泡一泡，哪怕潜水呢，也能学到许多好东西。然后，拿过来留着自己用，多好。

听爸爸的话：

　　网络有时候就像一个古灵精怪的孩子，虽然不是所有的时候都能让你感觉有用或是有益，但它偶尔的一个念头却可以让你眼前一亮。

网上聊天,其实没那么好

我想网上聊天最大的好处就在于没人知道你是谁,所以你可以敞开心扉,想说什么说什么,借此放松心情、缓解压力。而几乎所有的人都与生俱来有表达自己的欲望,只不过常常因为没有合适的听众而作罢,而网络则恰好提供了这样一个好场所。

人们迷恋网络聊天,其实更在于一种全新的体验,这种方式不是通过声音和图像而是通过文字对情感进行渗透,这就平添了无数的想象。如果是现实的生活中,我们了解一个人,先要看见,然后认识、沟通,但网上不是,我们无法看见对方(当然也可以通过视频看见,但仍旧显得虚幻),也无法运用自己的理性去认识对方,彼此相互感受的,就只有文字,通过对文字的理解去挖掘和了解他或者她。

可是,你知道吗?我们眼睛里所看到的世界是有限的,但心灵所感受到的思想却是无限的。在网上聊天时,每个人都会不自觉地用心灵去杜撰感情,使得原本再平常不过的话语也变得多彩神秘、富于情感。举个简单的例子,别人在与你网上聊天时发来一句"你好",如果是真实的生活里,这不过是一句普通得不能再普通的问候语,可在聊天时我们就可能会想象对方说这话时带着多么灿烂的笑容,用了多么动听的声音,甚至还连他(她)礼貌的点头都清晰可见。那么,再想想自己,是不是为此也满脸笑意,轻言细语对他(她)点头称好呢?现实里我们能够用理智去体验,但在网上我们却只能用感性去幻想,所以常常会把情感和友谊看得更加细腻和完美。

然而,无论如何你无法知道屏幕对面的他(她)究竟是不是真正想获得的偶像，也无从了解他（她）到底是不是和你想象的一样完美。我想告诉你的是：人无完人，你幻想当中的屏幕对面的"白马王子"也一样，也可能会在公共场合抠鼻孔，也可能有脚气病，也可能是个刺儿头，当然也可能就是一个大骗子。我只希望，到那时你不要心痛才好。凡是都得有个心理准备，网上聊天更是一样，把你的想象的美好至少要去掉一半，才不至于弄得自己狼狈不堪。

我的一位同事家的男孩子，前一段时间迷恋聊天，还说自己爱上了自己的女网友。两个人聊得火热，海誓山盟，并约定见面。谁想到见面时，对方却是一个极为粗野的女孩子，脏话连篇，随地吐痰，完全不是网上聊天时那一副小鸟依人的乖巧模样。为此，那孩子一连几天都情绪低落。

父母们最担心的莫过于自己的孩子受伤害，不管身体上的还是心灵上的。若换做是你，爸爸一定和你一样难受。所以，即便你需要一个陌生人来倾听你的烦恼，也一定不要把对方想象的那么完美，权当彼此都是帮助别人释放压力的工具吧。

还有人上网聊天为的是填补寂寞和空虚，我想这样的人一定是没有理想没有追求的人，不管你是学生、是工人、是家庭主妇，或是其他什么人也好，我们总不至于无所事事到用网络来填补生活。若真是那样，这个人一定不是一个合格的学生、员工、主妇，或是其他什么人，只有一无是处的人才会到网络上去寻找安慰。所以，"空虚"和"寂寞"，在我看来绝对不是褒义词，我断然不希望我的女儿也是这样的人。

当然，即便是与你认识的人在网上聊天，也一样可能会出现一些让你为难的事情。你应该也有过这样的体会（反正我是经常遇到）：

1. 你正忙得不可开交，一个老朋友发来信息，你不得不回复，可是你手头的事因此而效率大减，并且你若回复得慢了，对方还可能会认为你太冷漠，以致对他爱答不理。

2. 你的"好友"遇到了一些感情上的麻烦事，但在你看来不过是她过于脆弱和敏感罢了，于是你没有给予强烈的安慰，于是对方很生气，感觉你根本就不够朋友。

3. 你没有任何冷嘲热讽的意思，你不过是在沉思，或是发发牢骚，但却不知怎么的让对方不高兴了。这都是因为隔着这一层屏幕，你无法真正了解对方的状态和情绪，重要的是，你也不能指望他们能够知道你在想什么。

你可以回想一下与你的那些朋友在真实交谈时的情景。当你们面对面时，可以使用手势、表情、声音、语调等多种方式来传达信息。比如你在说话时，大家可以根据你慈善的眼神判断出你说"一边去"并没有恶意，也可以根据你夸张的表情判断出你说"好，我请你"不过是句玩笑而已。当然，他们还能根据你的拥抱断定你说"没事"是真心地安慰。但这一切，在网上聊天时都无法感知，仅仅通过文字，其实已经让交流大大失去了其原有的色彩和韵味。

所以，爸爸要郑重其事地告诉你：当你有什么不痛快时，请先想到爸爸妈妈，我们永远爱你，无条件地爱你；如果你很想找人聊天，那么把你的情绪仅调整到聊天，不要对屏幕另一方的人投注过多的感情；如果你是因为空虚和寂寞去聊天，那么先问问自己：我是不是什么也做不了了？我的大脑和心灵难道没有其他的追求了？难道我没有比这更重要的事情要做了？对于自己熟悉的人，没有时间就直接告诉他们，并真诚地道歉；如果他们需要安慰，那么打个电话吧，这比网上那几句不疼不痒的话会更有力量。

总之一句话，我不认为网络聊天是多么好的事，希望你也这样认为。

 听爸爸的话：

如果你可以做到，最好不要去网上聊天；如果你做不到，那么不要把你的网友带到现实中来。否则，你要么受伤害，要么浪费时间。

网络陷阱多，不要轻易和陌生人说话

在互联网上"欺世盗名"、愚弄他人，可真是太容易了，你出现在网上，所有的人都知道，你不过是屏幕上的文字而已，他们看不见你的面容，听不见你的声音，甚至也无法弄清你的年龄、性别、爱好、居住点及家庭情况，或是有关你的任何一点信息。从这个意义上来讲，互联网系统似乎很注重他人隐私，它的品格正直而高贵；但你会发现，许多人既不正直也不高贵。设想一下：你以为与你聊天的人，是来自附近城市某所中学、一个聪明的15岁男孩，事实却让你大吃一惊！对方是个50岁的精神病人，还想同你在某家商场见面呢！那么，那个住在浙江，声称自己是个年轻的癌症患者，究竟又是何许人呢？她其实是住在湖北省、时刻渴望关注的家庭主妇。在互联网上，骗人的方式足有成百上千种。要是在网上招摇撞骗，后来不小心露出马脚，他们就会迅速更换网名，摇身变成另外一个人。

这样做很容易，因为上网的人都是匿名的，你无法核实他们的真实身份。匿名状态给了他们足够的勇气，让他们打来恶作剧的电话，寄来没有签名的信件。而且，他们在网上兴风作浪，永远都不用担心被人捉住。他们有各种各样的动机，却永远都不会告诉你。还有，有时候，他们所做的事，是经过深思熟虑、精心设计的，比如有人以朋友是名人的名义，向你发来邀请信，你若拒绝，随后便会寄来一封恐吓信，警告你处处小心，特别是乘坐公交车的时候，又或者向你的同学散播你的各种"丑恶的谣言"……

网上的匿名者有时极为可怕，他们可能是危险分子、不良之徒；互联网是传播流言蜚语的捷径，而且像光速一样快。

我同学的女儿上五年级，她的校园网站上贴出了一个粗俗而虚假的消息，说是在学校澡堂里，某个女孩和她的男老师有性行为。当我同学的女儿发了帖子，为那个无辜女孩辩护时，立刻遭到了别人的攻击，说她是个"撒谎的妓女"。这张回复的帖子被学校里的几百号人都看到了。我的同学得知后气恼万分，威胁学校立刻撤销网上的信息，不然就会把学校告上法庭。

你知道吗，那些通过互联网，让父母们不知所措的，正是那些匿名的陌生人。他们很容易接触到我们的孩子，并且就在我们自己的家里！可以想象：你未见过的某个人打来电话，想和你谈论有关学校、你的朋友或是你想做的什么事情，你立刻就可以挂断电话；但是，假如还是那个人，他（她）在聊天室里见到你，对你正在对朋友们说的话做出回应，你就可能同对方交谈，因为他（她）只是在聊天室里，不足为惧。接下来呢，你可能和他们即时通信；要是对方似乎有趣或者为人友善，你会逐渐产生信任，开始相信对方，相信对方说的话，所以愿意经常与对方聊天（因为是在聊天室里"见面"你也不会觉得有任何顾忌），并把你自己的情况说出来……或许最让你的父母大半夜辗转反侧、难以入眠的事，就是你觉得同对方见见面，也没什么大不了的……想到这种情形，我就浑身冒冷汗！

我要告诉你的是：你只是通过聊天室的几次交谈，就自以为认识、了解对方是什么人，并走到生活中，打算与之有深入交往——你这样做，就是忘记了父母曾提醒过你的第一条、也是最重要的一条人生经验：不要随便同陌生人讲话。

**听爸爸的话：**

　　网络上几乎人人都是有企图心的，没有人能够无条件地浪费时间逗你开心，要时刻举起一把"匕首"，保护好自己。

第三章
健康，不仅让男生讨好还是生存的根基

我们读课本、读史书、看影视作品，其中像西施和林黛玉一样以病为美的人实在少之又少，而像范蠡和贾宝玉一样喜欢这种病态的男人更是凤毛麟角。更何况，身体是革命的本钱，无论想要做什么，没有健康这个生存的根基都很难实现。

不管什么时候，请爱护爸爸给你的身体

我15岁那年，曾经拆毁了一块手表，那是爷爷的爷爷留下来的东西，算是民国时候的精品。那天上午，物理课上讲了钟表的齿轮，我很想知道里面究竟是什么样，但是我自己只有一块电子表，于是中午偷偷拿了那块颇具纪念意义的手表拆了一探究竟。我当时自信地认为，拆了表我肯定能够照着原样装回去，但你肯定猜到了，我没有那么厉害，整整一个下午（我和老师请假说肚子疼）躲在后院一个角落里试图将表装回原样，但那些细小的零件弄得我眼花缭乱，根本就记不清那些零件的位置。

所以，直到下午5点多钟，爷爷到后院去看小牛，我吓得魂飞魄散，扔下手表就跑了出去，结果惊恐不安的我与一辆迎面驶来的摩托车撞了正着。我只感觉我好像飞了出去，醒来时已经躺在医院里了。我当时很庆幸自己还活着，而且并没有什么大事，只是有一点软组织擦伤，但我知道等一下回到家里，一定会有"大事"等着我，我爸爸是不可能对这块珍贵的手表视而不见的，到那时我的胳膊或是大腿不定哪块骨头得被打折呢。

我现在都不记得当时是谁把我接回家的，只是感觉那天归途漫漫。刚进家门，爸爸就问我："你没事吧。"你知道吗，尽管那笑容慈祥，但对我来说却显得非常可怕，因为我不知道这笑容背后蕴藏着多大的暴风雨，于是我忙不迭地道歉，说自己如何对不起那块手表，不该偷偷地将它拆毁。但爸爸却只是说："拆就拆了吧，古董虽然贵重，但放在家里并不能给我带来什么。"他说，"但是你不一样，

孩子,健康活泼的你是我们最大的乐趣和安慰。"

这就是我爸爸对我说的话,我到现在都记得。原来在他的心中,他的孩子健康安全比什么都重要。我真正理解爸爸的心当然也是从我升级为爸爸开始的,正是所谓的"不养儿不知父母恩",原来天下的爸爸都有一个共同的心愿,那就是希望自己的孩子永远健康。特别是现在,孩子这么少,每家都只有一个,从准备要孩子的那一刻起大人就开始了繁琐的准备工作。

这也是我为什么要你爱护自己的身体的原因。真的,你知道一个生命的孕育需要父母付出多少辛苦吗?虽然你是在妈妈的肚子里长大,但是爸爸也一样曾经为了有一个健康的你而付出了很大的努力。不信吗?来看看吧,这是我在成为准爸爸之前的吃喝拉撒的大致状况:

1. 提前看医生。我专门抽了时间去看医生,虽然我的身体很强壮,但生怕哪一点不好而对你产生影响,于是在医生的建议下,做了常规精液分析、内分泌激素检查、男科体格检查、血常规、血糖、肝功能、染色体、衣原体支原体等一系列检查。那一天检查折腾得我够呛,可比工作一天累多了。

2. 了解我们的家族病史。由于担心有遗传问题,所以我特意请教了爷爷、奶奶、姥姥、姥爷,确定他们以及她们的上两代都没有遗传性疾病和先天缺陷,(我们很幸运,据说不少人都有家族遗传病而被确定不适宜生孩子)我才放心要做准爸爸。

3. 我的饮食。那时候觉得自己像是刚出生的孩子一样,各种营养都不敢怠慢,首先是优质蛋白,深海鱼虾、大豆、瘦肉、鸡蛋,然后是矿物质,特别是锌元素,所以贝壳类、动物内脏、谷类胚芽、芝麻等都成了餐桌常客;除此,一直认为是女孩子减肥用的水果蔬菜也相继进入我的胃中;还有脂肪,这个我倒不怵,因为我天生爱吃肉,但问题是这个有限制,不能吃太多,这让我有点遗憾。

4. 和应酬说了"拜拜"。医生的建议是不吸烟、不喝酒,同时严格躲避二手烟,这些都对精子有致命打击。为此,一向爱热闹的我开始了另一种生活：有人邀请参加聚会、聚餐都不去，为得是躲避酒精和二手烟，至于我自己，已经严格戒烟了，虽然经历了一段非常难熬的时光，但一想到我即将有一个健康聪明的宝宝，一切都忍了。

5. 进入理财阶段。我知道"兵马未动，粮草先行"的道理，所以，从现在开始就要为你积攒日后的那些花销，比如妈妈怀孕后不能上班少了一个人的工资、需要为妈妈做的各项检查的花销、需要为你添置物品的资金、你出生后的各种花费等。于是，每月存入银行500元，直至你上大学。现在每个月拿出500倒是挺轻松了，但十几年前，每月拿出500元可不是小数目呢。

6. 穿平角内裤。听人说，穿三角裤可能会使睾丸温度过高，妨碍精子的健康。但也有人说，穿三角裤还是平角裤完全是个人爱好，对精子质量没有任何影响。无论哪种说法其实都没有确凿的依据。但是，穿平角裤如果真的可能比穿三角裤好，为什么不穿几个月呢？抱着这个想法，我将原来穿得很习惯的三角内裤换成了平角的，开始有点不适应，但一段时间之后就好了。

7. 远离桑拿和热水澡。由于医生告诫说高温会杀死精子，而且精子需要三个月的时间（如果我没记错的话）才能更新，就是说，如果你今天泡了很长时间的热水澡或是桑拿，那么三个月后这些不怎么好的精子还有可能出来做坏事。为此，就算洗澡时，我也尽量保持34.5℃~36℃的温度，这其实很难。

8. 放弃自行车。我年轻的时候很喜欢骑自行车，那时候上下班都骑自行车，既能沿途看看风景，还能锻炼身体，而且免去堵车烦恼。但骑车好像也对做准爸爸不利，所以改乘公交，但公交人多，又担心被传染感冒等疾病，于是，我总是带着口罩和手套，怪模怪样地坚持了好几个月。

所有这些一直坚持到你出生，但有些并没有就此停止，比如吸烟到现在我都不敢，生怕二手烟伤害到你。所以你看，爸爸当上了爸爸其实很不容易，为了给你一个健康的身体，爸爸很努力，也许不一定做得尽善尽美，但爸爸真的很努力。即便是妈妈怀孕了之后，

爸爸依然要做很多事情，比如：

对妈妈百般呵护，这当然是我份内的事情，但凭良心说，我每次都会从心里说：不能让老婆生气，否则对我的宝宝可不好。

每天对着妈妈的肚皮说：宝贝儿，爸爸爱你；宝宝，早上好；要睡觉了，小宝贝……我发誓，我每天都会说，虽然你听不懂甚至听不到，但我从没懈怠过。

做一个合格的营养师，只要有时间就会下厨给妈妈做好吃的，既要让妈妈吃好，还要补充你日夜成长所需要的营养。当然，我也跟着沾光，但肯定是为了你才做的。

……

除此，我想肯定还有不少事呢，这么多年我已经记不全了。所以，为了给你一个健康的身体，爸爸真的付出了很多。现在和你说这些，可不是为了图你的报答或是什么，只是想让你知道，你的身体在爸爸眼里是多么重要，希望你能够爱护它，而且不管什么时候都要爱护它。

听爸爸的话：

人生一世，喜怒哀乐都会随时出现。但不管什么时候，都要记住一句话：一切都是身外之物，除了你自己。所以，懂得爱护自己的身体，才是大智慧。

有健康的身体，你才有气质和容颜

你也有过这样的体验吧：在平常的生活当中，那些充满热情、激情和生命力的男孩子会更受人欢迎，因为你能够从他的身上吸收到生命的力量，让自己也和他一起变得积极、有力量；而那些沮丧、沉闷、病歪歪的男生，虽然不一定会被人抛弃，但女生多半是因为同情才与之接触。反过来也是一样，男生也往往更喜欢身体健康的女孩子。更何况，你也知道"身体是革命的本钱"这个道理。

我的一位大学同学，早在九几年的时候就下海经商，很是成功，资产若干。但在半年前却得了心脏病，不得不进行心脏手术。他做手术的那天我也去了，当时，他躺在手术台上，犹如一个无助的孩子，他说："以前总是拼命挣钱，以为自己无所不能，但现在躺在手术台上，你知道我心里有多么害怕吗？我就只能在这儿躺着，把命交给医生，自己没有一点力量来改变什么……"

身体就是这样，哪怕看上去如同珠穆朗玛峰一样巍峨，但如果不注意保养，也会随时有崩塌的可能性。若真是到了那个时候，一个人的气质、容颜就都失去意义了。

你肯定会和我理论：那些年纪轻轻就被疾病夺去生命的例子虽然常见，但毕竟是少数。这当然没错，我要说的是：一个健康的体魄给你带来的不仅仅是活得长久，更能让你活得精彩。

女孩子总是很渴望拥有高贵的气质和美丽的容颜，你当然也一样，不然为什么总是动不动就去逛街买回两件漂亮衣服，或者偶尔还化点妆？可是真正令人心动的气质和容颜你知道来自何处吗？来

自健康。还是那句话，如西施和林黛玉一样天生一副病态美的人少之又少，而如范蠡和贾宝玉一样喜欢这种病态美的男人更是凤毛麟角。大多数男人更喜欢健康的女生，那才是最符合男人积极向上的本性，才能与男生的好动更为合拍。只有这个时候，你的气质和容颜在男生的眼中才是最美的。

不知道你还记不记得你在乡下的那个表姑，好些年不来往了，大概你都忘了。去年的时候给我打过一次电话。当时接到电话我觉得很是惊奇，因为这样的亲戚，如果逢年过节不走动的话基本上也就不联系了，但是表姑却突然打电话来。

更奇怪的是，你知道表姑为什么要打这个电话吗？说来你会觉得好笑。她竟然想让我看看有没有合适的男孩儿介绍给她女儿，论起来你应该叫她表姐。表姑说，这丫头已经快三十了还没有个对象，太让人着急了。其实，她女儿我见过，相貌和身段都很不错，而且又是研究生毕业，各方面条件都是很好的，按说找个男朋友不是什么太难的事情。

可为什么竟然没有找到合适的人呢？表姑说最大的原因是她的气色看起来总是不那么健康。一米六三的身高，100斤的体重，按说这是非常不错的身材，但问题出在了她的脸上。原本五官非常的好，但是由于她工作后夜以继日地忙碌，作息时间非常乱，结果导致体内贫血，整个人看上去蜡黄蜡黄的，所以相亲很多次，人家都说"人长得挺好的，就是看起来像是有病的样子……"然后，就没有了下文。

也对啊，谁希望娶个病秧子回家呢？就算再貌美如花，若总是无精打采，想必这花也什么看头。所以，如果让人们在健康和美丽之中选择一样，100%的人都会说要选择健康。但事实的情况却并非如此，尤其是你们这个年龄段的女孩子，为了十年青春的光彩无限，不惜十数年后灰头土脸；为了今天能够减肥成功，不惜每天饿着肚子；当然，更有许多女孩儿为了追求漂亮的妆容，更是将各种化学物质拼命往脸上使劲地涂抹。

但是，孩子们啊，就算这样的"保护"再周到，也终有见天日的那一天啊，你们每每用的张紧式面膜虽然可以让脸蛋变得平滑，但岁月老去总是会变成"橘皮"样的呀。而且，你们都是风华正茂，只要健康就很美丽，哪里需要后天如此多的"加工"呢。凡此种种，不仅不能拉近你与美丽的距离，反而使你与健康越走越远。或许你们还无法理解健康与美的关系，真希望你能够在第一时间明白"年轻时要的风度换不来未老先衰的寒腿最想要的温度"这个事实，并进而明白健康与气质容颜的关系。

我相信之前你也一定听说过这样一个比喻，说：健康是1，而其余的金钱、地位、财富、事业、家庭、子女等一切都是"0"。没错，健康是人生的根本，没有健康什么也谈不上。而女孩家的美丽也是一样：健康是1，其余的气质、容貌、肤色、身段等都是0，在拥有健康这个基础之上，气质、容貌、肤色、身段才有真正的意义，若是没有健康做保证，无论后面有多少个0，都不会有人瞩目，即便有，也终究不能长久。

听爸爸的话：

年轻的时候，身体总是有些资本供我们挥霍的；但十几年之后，身体就会和我们反目，将那些你曾用来交换美丽的"本钱"当作一种惩罚，让你根本无暇顾及自己的容颜和气质。

运动减肥，健康模式让人喜欢

"士为知己者死，女为悦己者容"，这是中国古代著名文学家司马迁《报任安书》中的一句话，到现在几乎没有人不知道它了。男人总是血气方刚，为了自己心爱的女子赴汤蹈火，在所不惜；而女人呢？柔柔弱弱，自然不能为男人去遮风挡雨，于是便"为悦己者容"，为了取悦那些喜欢自己的人梳妆打扮。这话不但说明了男女之间性格的差异，也反映了过去人们对男人和女人的所担负的不同社会任务的划分，很有"男为主，女为辅"的成分在其中。

当然，社会是不断进步的，如今早就实现了男女平等，甚至于女孩子常常更为刁蛮，但即便如此"女为悦己者容"仍旧在发挥着极大的作用。

这从你和你的那些小姐妹们都拼命减肥上就可以看出来，别嘴硬说你们减肥只是为了自己。虽然你们减肥可能的确不全是为了男生，但我敢肯定多多少少总有一部分是为了更吸引男生的注意。没有关系，这是人伦大理，到了你们这样的年龄正是相互吸引的时候，若全然不顾异性的想法那倒有些不正常了。

但我想要告诉你的是，男生未必都喜欢皮包骨的女生，"以瘦为美"常常是女生一厢情愿的想法，为什么爸爸可以这么肯定地说呢？就是因为去年夏天，我们为了策划一个选题而特意做过一项调查，调查的对象全部是男性，年龄从16岁到30岁，你来看看他们是怎么说的，或许会改变对自己身材的想法：

我理想中的女人虽然不能太胖，但绝对不能是那种直直的骨感的身体，我喜欢的女孩儿的体型应该是柔软的、骨头要有脂肪包裹的、圆润而有曲线的。

——编辑　高先生28岁

我的心仪体型没什么特别的，我喜欢细腰的女人，但一定要比例协调，如果浑身上下都瘦得像竹竿一样也不好看。不过，完美的身材较少，很多都是通过手术做出来的，这是我最不能接受的。

——网络工程师　张先生26岁

我算是骨感女人的偏爱者吧，所以我喜欢女人高高瘦瘦的。

——销售　李先生23岁

我不太喜欢过于纤细的女生，我感觉略微丰满的女生看起来更具有亲和力，也更吸引我。我觉得，女生还是有些曲线比较好。

——陈同学16岁

我喜欢偏瘦一点的女生，特别是拥有长腿的女生。这样的身材看起来既苗条，同时还具备女性的曲线美，就和我现在的女友一样。

——记者　韩先生30岁

班里的女生总是吵吵着减肥，其实，我们在宿舍里也私下讨论过，多数男生并不喜欢骨瘦如柴的女生，都觉得要有一点肉肉才更完美。

——钟同学20岁

我也说不清究竟喜欢什么样体型的女生，反正我关心的并不是体重，主要是体型匀称，看起来谐调就好。

——自由职业者　王先生22岁

……

这是那次调查中比较有代表性的答案，而不是全部。但你仍然可以发现，其实，男生对于女生的体重并不看重，就如同最后这位王先生所说的一样：男生自己也说不清究竟喜欢什么样体型的女生。既然如此，拼了命地减肥似乎就显得有点"傻"了，你说呢？

当然，如果你的确对自己的身材不满意并因此让你感到某种压

力或是不快的话,爸爸并不反对你减肥。只是,减肥一定要选择最健康的方式,那就是运动减肥法,而如其他的节食、吃药等则尽量不要招惹。近些年有不少模特为了保持纤瘦的体型过度节食而最后得了厌食症而死的消息,想必你也有所耳闻吧。你没有从事模特儿或是演员这个职业,即便你以后从事,也不能为此而断送了自己的健康,那是最得不偿失的做法。

如果你选择运动减肥,想要让自己的腰更细一点,或是想要让自己的腿更修长一点,我想这对于女孩子来说是无可厚非的,而且运动减肥本身也是一种锻炼,爸爸很支持。这是我从一些书籍上搜来的关于锻炼腰部和腿部的运动方法,感觉还不错(但是我没有试过,妈妈也没有试过,她并不热衷于减肥,这你是知道的),希望能够帮得上你。

腰部健美操

1. 立正站好,两手插腰,两腿开立。先向左扭转腰部至最大限度,再向右扭转腰部至最大限度,连续25次,做3组。

2. 立正站好,两手插腰,两腿开立。先向前后弯腰,再向左右弯腰,然后还原,连续25次,做3组。

3. 躺在床上,两腿交替伸直、屈膝,连续25次,做3组。

4. 躺在床上,两膝弯去,两臂放体侧,头慢慢抬起至最高,停留1分钟;头放下,反复练习至腰部酸胀。

5. 立正站好,两手插腰,两腿开立。要按顺时针方向扭转15圈,然后逆时针扭转15圈,再向前后左右各弯腰15次,做3组。

6. 躺在床上,以头和脚位支撑点,腰臀尽量向上挺,使身体呈桥形,保持半分钟还原,休息2分钟再做,做15次。

7. 跪在床上,双手支撑床面,学猫练习弓背,同时低头,腰部用力;然后慢慢抬头,放松腰背肌肉,使脊柱呈"U"形。弓背时深吸气,塌腰时长呼气。连续做25次,做3组。

腿部健美操

1. 两腿呈八字站立,脚跟并拢,踮起脚跟,小腿用力收缩,下蹲站起，连续 50 次，做 3 组。

2. 两脚分开，与肩同宽，两臂前平举，身体正直，屈膝缓慢完全下蹲，停留 3 秒，迅速站起还原。连续做 25 次，做 3 组。

3. 立正，两眼平视前方，双手叉腰，右腿屈膝上抬至腰平面以上；右腿放下，同时左腿上抬至腰平面以上，两腿交替进行 30 次，做 3 组。

4. 坐在床上或椅子上，抬起膝盖，往胸部靠拢，两手握住一根小棍子两段，往脚心上施力，仿佛你的这只脚在用力蹬棍子一样。换另一只脚做同样的动作，脚踢练习 30 次。做 3 组。

5. 半蹲，两臂前平举，然后两脚原地跳起，落地时两腿尽量弯曲下蹲，连续 30 次，做 3 组。

6. 两脚分开，与肩同宽，脚尖向外呈八字，缓慢地用脚尖站起，膝关节伸直，再慢慢放下，连续 50 次，做 3 组。

不知道这是不是你想要的，但不管怎样，我觉得它至少不会给你的身体带来伤害，这是爸爸最关心的，你能理解吗？

听爸爸的话：

拥有姣好的身材和体型是每个女孩子都梦寐以求的，但不管你追求什么，一定要把健康放在第一位。所以，如果想减肥，那就多运动吧。

多喝水，女儿家都是水做的

你一直都很喜欢看《红楼梦》，也对上面的人物有着自己的理解，一些见解甚至出乎我的意料。我还记得有一次你和我争论王熙凤到底算个好人还是个坏人，我说王熙凤太狠毒、太算计，但是你说她一个二十几岁的女孩子家管理着贾府上上下下的大小事宜，不算计能行吗？那么一大家人她若是没有一点手腕能压得住阵脚吗？当时你好像还打了不少比方，说比如妈妈，她管着家里的钱，花在什么地方、花多少她不都得过过脑子想清楚吗？妈妈是不是比我们爷俩更能精打细算？你还说老师不仅要传授知识，还要维持课堂纪律，一个老师管理几十个学生，遇到"刺儿鬼"若只是说服教育，45分钟恐怕还不够呢，不给来点儿硬的能行吗？

你知道吗？当时十四五岁的你说出这些理论时真是让我讶异不已，我想想我自己，十四五岁的时候好像也读了《红楼梦》，但总是囿于老师提出的观点，说王熙凤是个坏女人，说林黛玉太尖酸刻薄，说薛宝钗太世故，但是你却有了很多新鲜的想法，这真的让我欣慰。

当然，你一定也记得贾宝玉曾说过的一句话，那是《红楼梦》第二回"贾夫人仙逝扬州城，冷子兴演说荣国府"一回中贾宝玉说：女人是水做的骨肉。贾宝玉眼中的女人，洁净清爽，柔美灵动。无独有偶，徐志摩也曾有"最是那一低头的温柔，像一朵水莲不胜凉风的娇羞"；而朱自清更是将梅雨潭的水写出了一个"女儿绿"，也不知多少钟情人为此而倾倒。这样看来，"柔情似水"这四个字用来形容女人是再恰当不过了。

所以，你也一样。

当然作家笔下女人如水，是因为揉进了太多的感情因素，但那也并非是完完全全臆想的结果。或许是巧合，现代科学证明，女人的健康的确更需要水的滋养。说出来真是挺惊人的，一个婴儿胚胎竟然有超过80%的水，一个刚生下来的宝宝也有74%是水；而即便是一个成年人，体内也有55%~75%的成分都是水，而结构细密的脑组织里更有85%的水分。横看也好，纵看也罢，总之我们的身体组织里，随处都含有一大部分水。

当然如果仅凭这一点，你肯定会说：这并不足以说明"女人是水做的"，只能说明"人是水做的"。是的，不过我还有其他理由，也是你最愿意接受的理由，那就是美容。既然人体细胞中绝大部分都是水分，那么就一定要及时补充水分，细胞才不会干瘪和老化，皮肤才能保持水嫩，就像一句广告（我忘了是卖什么的了）词说的：女人养颜就是要保湿。所以，多喝水才能排毒，让自己清透澄澈，灵动水嫩。

现在有了这个理由，你多半已经接受了"要多喝水"的建议。但目前我最担心的是，你到底会不会喝水呢？懂不懂得科学地喝水呢？其实，喝水是很有讲究的，就如同喝茶。《红楼梦》中，妙玉论茶颇为有趣，她说："一杯为品，二杯即是解渴的蠢物。"照她说，喝茶不为解渴，只在细品那苦涩中的一点回甘。喝水也是一样，虽然没有喝茶那样的细致，但如果仅仅拿它来解渴，也的确有点不能物尽其用。

其实，你知道吗？口渴是身体最后一个缺水讯号。在你感觉到口渴之前，身体里早就有了干涸的状况，并且已经开始影响到体内各部的运作了。如果缺水的现象一直无法得到缓解，那么人就很容易出现脱水。你知道什么是脱水吗？"脱水指人体由于消耗大量水分，而不能及时补充，造成新陈代谢障碍的一种症状。"如果只是轻微的脱水，你会觉得自己很虚弱，也可能会有反胃或者轻微的头重脚轻；如果是严重的脱水，两眼会出现不同程度的凹陷，皮肤也会有皱缩的现象，除此你还可能会感到背部以下疼痛，小便时也会疼

痛。最危急的情况是脱水的状况迟迟得不到改善，那么体温就开始下降，最后的结果可想而知，也让人不堪设想。所以，千万不要等到口渴了再去喝水，一定要每隔一段时间就喝上几口，这样你就一直都不会缺水。为此，你即便是出去游玩，也一定要记得带足水，如果你害怕太重，也可以随时买水，毕竟除非你到深山老林里，现在的公园街边，买水还是很方便的。

另外，我提醒你要时不时地喝水一来是为了避免缺水，二来也是为了避免口渴之后的"牛饮"，这样看起来似乎更与年轻人朝气蓬勃的作风相符，但是却与健康相悖。据说，一次性猛喝大量水的话，可能会让心脏受不了，尤其天热大量出汗时，若喝得太急太多，又没有适当补充盐分，那么血液会在短时间内被水稀释，渗透压降低，水就会通过细胞膜渗入细胞内，而发生"水中毒"，不要小看水中毒，它对人体损害很大，特别是对大脑细胞的损害较重，让人出现头痛、呕吐、嗜睡、呼吸及心跳减慢，甚至昏迷、抽搐等危机生命的状况。

我昨天已经去超市给你购买了一只保温杯，因为据说喝温开水是最好的，太冷或是太热的水都会对胃肠黏膜造成突然的刺激，使毛细血管骤然收缩或是放开，这都可能会引起肠胃不适。"人是铁，饭是钢，一顿不吃饿得慌"，可是如果你肠胃不适，那么肯定就无法正常进餐，那么营养何来？健康何来？父母的安心又何来？所以，每次出门前把爸爸给你买的保温杯装满水，时不时喝两口，爸爸即使看不见，也会感到安心的。

 听爸爸的话：

水是至阴至柔的东西，的确像极了女人。所以，为了健康也好，为了美丽也好，为了能如水一般灵透也好，不要忘了多喝水才好。

好心情比好药丸更有用

上大学那会儿,或许是"少年不知愁滋味,为赋新词强说愁"吧,总是动不动就觉得自己很憋屈,但我是个不善言词的人,自己的情绪总是不知道如何宣泄才好。那个时候,最让我纠结的当然还是我喜欢的那个女生,总是对我不理不睬。

你知道吗?为了得到她的欢心,我为她买过纯粉色的棒棒糖(她最喜欢的颜色是粉色),也曾多次逃课去食堂为她打她最爱吃的四喜丸子,每到节日(无论大小,比如元旦、情人节、五一、六一、中秋、圣诞……大概就只有清明和鬼节没敢送)总会为她细心准备一份礼物,但是我坚持了一年多,竟然没能打动她。

可想而知,这段时间里我是多么的难熬,不仅身体劳累,更重要的是心灵上的煎熬,我简直愁肠百结,有时还夜不能寐。虽然如此,但我并没有灰心,继续着我艰难的"追爱之旅"。可是,这些郁结的情绪久而久之开始不甘于存在于我的心里,它们大概也觉得在我的身体里找不到出口而郁结得难以忍受,于是终于在我的身上发挥了威力。

那是一个周末的早晨,我正睡得香甜,一阵搔痒从左侧眉骨上方突然袭来,虽然是在睡梦中,但我还是本能地用手一抓,可能是用力太大了,接下来竟然是一阵揪心的疼痛。我彻底醒来,用手一摸,原来那里长了个大包。真是让我的心情糟透了,本来长得就不惹人喜欢,现在还又长了大包,当时真想找个刀子把它挖去。但实际上,我的厄运还远远没有结束,在接下来的半个多月内,我的脸

上迅速布满了大大小小的类似的"包"。我知道,这应该就是所有青年人都万分恐惧的痤疮了。

我唯一的出路就是去看医生了,首先需要他们帮我弄掉这些讨厌的小疙瘩,其次想知道为什么它们会找上我。彻底治愈痤疮并不是简单的事情,医生给我开了一大堆药,有口服的也有涂抹的,连续治疗了也有半月之久,还是不能彻底清除。不过第二个问题倒是让我很贴切,医生说我可能是体内有"郁火",情绪不良,导致内分泌失调,所以长痤疮了。

我当然有郁火了,我更知道我的郁火从何而来。看着自己一脸的痘痘,我觉得我自己费这么大劲儿,结果就弄来一脸痘痘,真是滑稽。于是,我决定放下这孬到了家的坏情绪,那天黄昏我心无旁骛地在校园里溜达,竟然发现校园里有很多风景。我们经常小坐的石头凳子,那花纹像极了我姥姥家门口的那一块,那时候大家总是爱唱"青石板,板石青,青石板上钉银钉";还有就在每天去食堂打饭的路上有一棵不小的梧桐树,叶子大大的,很是好看;男生们总是爱穿一件T恤或是背心,有意无意地露出三角肌;女生则用各种颜色、各种款式的裙装,争先恐后地展示着这个季节的美丽。不知不觉已经坐到了晚上8点,小月升起,和着教室里透出的点点灯光,真是不能再有的美好了……几只蚊子嗡嗡地飞来,提醒我天色已晚,该回去睡觉了。是啊,睡觉去吧,医生也嘱咐我好好休息,假若自己不那么郁闷,或许这痤疮也不会那么容易就找上我来。

虽然那时候我只是懵懂地听医生这么一说,不过现在随着年龄越来越大以及你的出生,我对于保健知识也越来越注意了,才知道保持好心情比什么好药都更有利于健康。生理学家告诉我们,肌肉的每个细胞组织每小时都会进行自我更新,身体的其他细胞每隔数日或是数周也会进行自我更新一次。但是,你知道吗?人的情绪的每一种暗示都会被记录在细胞的生命中,而那些消极的情绪则会损害身体机能,破坏身体健康。

所以,你要学会保持快乐的心情。可你也知道,人是有感情的动物,喜怒哀乐,人皆有之。我们是不可能时时刻刻都保持好心情的,更何况,世事多变,不是所有的事情都能遂了我们的心愿,所以不痛快的情绪在所难免,关键是要学会让自己快乐起来。

你可以试着转移自己的注意力,比如俄国著名作家屠格涅夫与人吵架时,就会先把舌尖放在嘴里转上 10 圈,为得是使自己平静下来;或者你可以叫上几个小姐妹一起去看看电影、打打球、逛逛街,总之让自己的思维暂时离开不良情绪,这会让你感到松弛,再过一阵子,或许你自己会觉得这坏情绪实在是没什么必要。

除此,你还要学会发泄,"隐藏的忧伤如熄火的炉子,能使心烧成灰烬",这是多么可怕的事情,即便不能将心烧成灰烬,也可能会像我一样烧一脸痤疮出来吧。所以,如果你感到委屈,可以放声大哭,在爸爸妈妈的怀里、肩膀上都行,涕泪横流时也可以往爸爸的衣服上一抹,爸爸不会生气的;或者哪怕一个人发泄出来也比憋在心里要好,这会使你感到轻松。

你还要热爱你手头的事情,因为人最大的无聊不是沉重的工作或学习,而是闲着没事干。社会学家研究显示,大部分人在无所事事时并不会感到轻松快乐,相反却感到烦恼和不快;而一个忙碌的人,则常常更快活。所以,情绪不好时,你也可以试着让自己忙碌起来。

我不懂医学,但我听说过很多由于心情不好而引发的疾病,如抑郁症、肝病、胃溃疡等,听着似乎与情绪都是风马牛不相及,但它们的确存在某种联系。你不要不相信,也不要不以为然,好的心情真的可以让你远离疾病,永远保持活力,成为人群里最闪耀的明星的。

听爸爸的话:

从现在开始,用最佳的心情对待你的工作和学习,并爱你身边的一切。你的良好心情不仅会带给你健康,还会让你的世界更加精彩。

为了健康，给自己找一项爱好

孩子的身体健康是每个做父母的都最为关心的问题，但以前我们只是注意到你的饮食营养，却忽略了一点。直到我看到了一篇报道，才如梦初醒。那是一位心理学家经过调查和研究所做的一篇结论：几乎所有女孩都具有多思和敏感的心理特征，她们一是容易兴奋，对刺激极为敏感，常因一点小刺激便引发出各种情绪，表现出多疑、偏见、固执、易怒、脾气古怪等；二是容易疲劳，在阅读或学习等脑力劳动时尤其明显，表现出记忆力低下、头脑昏沉、注意力不集中等。

而这一问题的一个原因竟然是由于女孩相对于男孩缺少爱好所致。所以，你现在来问问自己：是不是厌倦生活了？近来的学习是不是越来越紧张，有点难以忍受了？如果你的回答是肯定的话，那么现在就应该开始培养一项自己的爱好。

"神经衰弱"这个词你应该不陌生吧，因为很多人都患过这个病症，主要表现为失眠、焦躁等。你小姑就曾经是一名神经衰弱症的患者，起因是当时她处在大四的后半学期，一是面临找工作的压力，另一方面和她谈了一年多恋爱的男朋友突然提出分手。双重打击，使得你小姑不堪重负，竟然"神经衰弱"了，整晚整晚的睡不着，原本漂亮的脸蛋没多久就"花容失色"了。后来，她去看医生，医生建议她多参加一些运动，或是找一项爱好。于是，小姑选择了游泳，她坚持每周游泳三次，大约坚持了不到一个月的时间就大为好转了。她现在的游泳技术也还是那个时候练就的呢。

至于有没有时间，爸爸可不想听到你说"学习太忙""作业太多"之类的借口，不管是谁，要说自己忙得抽不出时间，那真是无稽之谈。我们可以看看历史，我想世界上恐怕很少有人能够比英国前首相丘吉尔更忙了，他可是在政府中担负着重大责任的。但是，即便是丘吉尔也没有忙到一点时间都没有。他常常会在争论不休的议会会议结束后，出去挥笔作画，轻松一下。

有句俗话说得好，叫"磨刀不误砍柴工"，一项爱好其实就是一个保障机体正常运转的"安全阀"。现在医学权威也认为：业余爱好具有很好的治疗价值，甚至一些议员还开设了"兴趣疗法"。病人在那里可以学习烫花、织毛衣、绘画、雕刻、编制等各种技巧，这些活动可以使人消除疲劳、镇静神经，具有非常奇特的疗效。同样的道理，目前正常的人如果能够有一项合理的爱好，那自然也能够使自己的身体机能一直保持在最佳状态，若是学生则可以学得快、记得牢；如果是工人，则可以心灵手巧，效率提高；如果从事脑力劳动，那么也可以让人精神抖擞，思维灵活。

当然，你得注意选择那些能够使你的生活更加协调，能够使你从无聊乏味的小圈子中走出来，进入一个兴趣盎然的世界的爱好。比如我的一位朋友就有过一次错误的爱好——书法。按理说，书法是多么高雅的爱好啊，可是你知道我们的工作需要整天坐在电脑前，一整天都动不了几次。回到家里他又坐在桌子前面练习书法，结果一段时间下来，他竟累积出了颈椎病。他还绘声绘色地学着当时他的主治医生的口气说："你爱好什么不好，一整天你还坐不够，培养个爱好还是坐着的，那么多活动筋骨的爱好都不行吗？太极、瑜珈、游泳、球类……哪个不比这个好呀？"

当然，这位医生的话我觉得有道理，但也不能说完全正确。如果我的这位朋友选择了游泳、打球等爱好，的确可能对他的颈椎病有些好处，但如果他平时多注意的话，就算选择了书法也未见得就会患上颈椎病。不过医生的提议的确应该考虑，尤其是如果这项爱好需要占用你的睡眠时间，或者使你感到疲倦，那就没有任何意义了。或者你若是企图从中牟利的话，那么它也不能算作是爱好了。

我也不是说沾染了金钱就不好了,额外有一点收入也并非坏事,只是一旦金钱到手,恐怕很少有人还能够淡定地无视收入的多少,这样一来,爱好也自然不会让人轻松惬意,反而变成一种买卖了。

**听爸爸的话:**

　　对于你的心灵来说,一项好的爱好就如同让你躺在软软的吊床上一样,轻松惬意,无限享受,继而给你带来快乐和健康。

别和垃圾食品成为朋友

我一直不知道你的性格究竟是继承了谁的基因,我和妈妈其实都还算是随和,可你却那么倔强,很多时候若是不能达到你的目的,你是绝不会放过我们的。

那还是你4岁的那一年,因为要准备年货,我们全家出动进行大规模采购。这对于大人来说倒没什么,虽然花了不少钱,但是换回一堆堆的东西,也算是一种收获。但却苦了你,孩子的兴趣自然不在购物上,那么小的你只看见黑压压的身影,没一会儿你就开始耍赖,闹着要回家,我和妈妈想尽办法都不行,最后从超市里拿了一瓶饮料,偷偷地开了盖儿,让你喝起来,才稍稍平复了你的情绪。

但没过多会儿你又开始提条件,说买完东西后必须带你去吃麦当劳,为了让你听话我和妈妈都爽快地答应了。半个小时之后,总算采购完毕,刚一出超市,你就嚷嚷着要去吃麦当劳,我们的缓兵之计看来难以实现。虽然我和妈妈极力说服你家里有更好吃的东西,但是你就是坚持,走到麦当劳门口的时候,你干脆站在那里不走了,任凭我和妈妈已经离开你有几十米的距离,你看也不看我们就站在那不动,等我们回去到你身边时,你气鼓鼓地说:"你们骗人,撒谎,再也不理你们了。"

这句话可真是让我和妈妈大为震惊,也意识到了"缓兵之计"不能用在你的身上。于是,我们"缴械投降",大义凛然地带你去吃麦当劳。看着你吃得有滋有味,比在家里吃饭吃得还要多,妈妈和我都无奈地笑了。

直到现在我依然不明白为什么孩子们都喜欢去吃麦当劳、肯德基，不过是一块面包中间切开放进肉和生菜，不过就是把鸡肉切成块炸一下，不过就是土豆条过了油，怎么就让孩子们那么着迷呢？吃了一次还想吃，你也不例外，总是隔三差五地要求去。

当然，我是不会轻易带你去的，一来那里的食品价格不菲（对于当时我们的条件），二来也真觉得没啥好的，为此你不止一次地恨透了我。最近几年我更是庆幸自己当时的坚持，因为越来越多的报道都在说那些快餐食品实在对健康无益，比如这类食品高油、高脂肪、高激素、高热量，一位医生朋友说脸上长痘痘、女孩月经不调、肥胖等都与之关联甚重，绝对不能作为经常食用的食品。前几天，他还表扬我说："你还真是有先见之明，孩子小的时候就知道限制，这样的垃圾食品最好一次也别吃。"

"垃圾食品"，听起来是多么刺耳的一个词，一想到你可能还会去吃那些所谓的"垃圾食品"我就担心。其实，以你现在的年龄和掌握的知识早就对垃圾食品很了解了，比如洋快餐、薯片、膨化食品、各种色彩鲜艳的饮料等都远远不能与我们的中华美食相比，我想你对此也深信不疑。

只是，有时候虽然你明知道不好，但总是可以找到很好的吃垃圾食品的借口，那么爸爸就来帮你想想办法。比如：

放学后真的饿了，到校门口的小商店里买两袋豆制的辣片或辣丝儿，边走边吃，但我觉得你倒不如去买一个鸡蛋灌饼或是买几个小笼包吃，没有添加剂，也没有苏丹红。

女孩子都有一个通病，那就是心情不好了胃口就好，总是爱抱一大桶爆米花来缓解情绪，这可不是缓解心情的好办法。首先你抱了一大桶爆米花或是其他什么零食，狠狠地吃下去似乎很过瘾、很解气，但实际上这些食物都不能得到很好的消化，使你身体不适；二来大量摄入食物，会导致全身血液供应都以胃肠道优先，那么大脑就会养料不足，你的心情或许会更加郁闷。我想，此时你还是应该找人倾诉一下，或是你的好朋友，或者是爸爸（我随时都会放下手里的事情，用心听你发牢骚或发脾气）。或者找点什么事儿做，比如看书、逛街等都比吃零食好得多。

另外，几个女孩子到一起总是爱开"茶话会"，就是大家都拿出自己的小积蓄买一堆东西，然后坐在一起分享（我上大学的时候，班里的女生就时常在操场上大吃）。这的确是一种乐趣，而且大家在一起也能增进友谊，爸爸绝对大力支持。只是，你们完全可以换个方式，比如进行一些娱乐活动，如果你们就是想坐在一起聊天吃东西，那么不妨选择这几样：几种水果、小西红柿（也叫圣女果）、黄瓜、瓜子、少量坚果等，这样的东西吃起来既安全又环保，至少不会有那么多塑料袋产生吧。

你小的时候在我们身边，我们总是能对你约束一些，但是你现在已经大了，在我们身边的时间少了，我们也开始给你零用钱由你自己支配，所以爸爸不可能一天到晚跟在你屁股后面为你安排，而且你也一定讨厌我那样做。可是，孩子的健康是每一个做父母的人心头最重的事，我也一样。每当我看见那些有关垃圾食品的报道，说到它们对青少年身体健康的伤害我都不由自主地想到你：你会不会每天都吃，你是不是又吃进去了一大堆添加剂或防腐剂，那些激素有没有在你的身体里发生什么作用？

还好，多数时候我都能安慰自己：我的丫头不会的，她知道什么好什么不好，她有自制力，不会为了贪图一时的痛快而置身体健康于不顾，更不会为了负气而让自己的胃肠道受罪……

不过还有很重要的一点，你到底知不知道哪些是垃圾食品呢？我特意找了资料，有十大垃圾食品你一定要记一下，即：油炸食品、罐头食品、腌制食品、加工的肉类食品、肥肉和动物内脏、奶油制品、方便面、烧烤类食品、冷冻甜点以及果脯、话梅和蜜饯类食物。这些食物大多都有洋快餐的"三高三低"（高热量，高钠，高脂肪；低纤维，低维生素，低矿物质）的特点，长期食用肯定会对健康造成巨大影响。

我可不希望我的丫头将来病歪歪的，我还想有时间了和你一起跑步、打球、旅游呢。你呢，丫头？

**听爸爸的话：**

"病从口入"这句话实在是真理，只要能够管住自己的嘴巴，不让那些垃圾食品进肚，我敢保证你能减少至少一半的病痛。

亚健康与健康相去甚远

你上次回家的时候,我都没能好好陪你,真是有点过意不去,当时我只是说工作上有很多事要处理,其实我处理的并不全是我自己的工作,而是与一位离职的同事做交接。他的离职对我触动很大,他不是为了找到更好的工作,也不是在这里混不下去,而是他的身体出现了状况。

自从前年开始,他就一直没有脱离口腔溃疡的困扰,总是隔三差五地买药,或是吃或是往嘴里喷。开始的时候,我们大家包括他自己都以为可能是工作太累或是吃辣椒太多导致的,但上个月的公司体检终于发现,原来他现在的口腔溃疡已经不再是简单的"口疮"了,而是口腔癌了。

一说到癌是不是感觉特别恐惧呢?是呀,一个"癌"字就仿佛把一个活生生的人推下了悬崖,只是两手抓住了岩石,尚没有毙命。但究竟能不能爬上来,却没有人能够保证。

为此,我们整个单位再次把健康提到了最高位置,还专门请了保健医师到单位来讲座。据医生介绍,他所患的口腔癌其实是可以避免的,在最初口腔溃疡的阶段,如果能够及时治愈,而不是置之不理,任其发展的话,由这种慢性非特异性溃疡转成癌症的几率并不大。

也有人提出疑问:为什么他当时那么爱发生口腔溃疡呢?医生的回答是:他的身体长期以来处于亚健康的状况,也就是处于病与健康的临界点。而当人体处于亚健康状态时,就容易出现一些小毛

病，小毛病常常不被重视，结果日积月累，最终酿成大事。或许是出于医生的本能，那位来讲座的医生还特意向我们强调：亚健康与健康相去甚远，但与疾病却只有一步之遥。若能够用心调养，那么亚健康可以很快变成健康；如果总是毫不在乎，任其发展，那么下一步肯定是疾病。

接着医生又详细给我们介绍了什么是亚健康，他说：亚健康是身体处于健康与疾病之间的一种临界状态，此时机体无明显疾病，但却出现活力降低、适应能力减退等生理状态……那天我记了很多笔记，因为那位同事的遭遇让我感到后背发凉，而医生的话更是让我惊觉万分。

你知道吗？我的那位同事与我同岁，但却毁在了我们从来都不当回事的"口疮"上面，怎能不让人惋惜呢？这些日子我的脑海里一直都是他的样子，每次想起他来，我的脑海里都会同时出现一句话——要是早一点注意该多好啊。

所以，爸爸要和你说的是，不要拿身体不当一回事，不要认为小毛病就可以忽略不计，"千里之堤，溃于蚁穴"，身体也是一样。我想天下父母最大的心愿莫过于自己的孩子健健康康了，爸爸又何尝不是呢？记得有好几次，你由于感冒而发烧，每次烧到39度时，你就打蔫，那时候真是害怕呀。你妈妈看到你那个样子，不止一次地自言自语："干嘛让我闺女这么难受，让我替她生病多好啊。"

现在你大了，对于头疼脑热这样的小问题也知道如何应对了，按说我们的神经应该松弛一下了。但我总觉得在你这样的年龄，反倒更有些担心，毕竟爸爸也年轻过。年轻时，总觉得自己是"金刚不坏之身"，什么病都能扛过去，所以经常拒绝吃药，更不用说去看医生了。更可笑的是，小时候的我还总是期待着感冒，目的很纯粹，就是为了不去上学。后来，偶然听说淋雨或者冲冷水会发烧，我竟然还去模仿了。现在想想，觉得真是很傻。不过要是再让我回到小时候，我想我还是会重复那愚蠢的行为。

我敢确定，在这几年里，你也一定有过对感冒等问题不屑一顾的想法。这很正常，每个人年轻的时候也许都是这样的，甚至对整个世界都不放在眼里。而这，正是我所担心的。

我的观点是：你可以忽略任何东西，但不能忽略自己的健康。为此，爸爸现在很严肃地要求你认真阅读下面的文字。这是医生讲座时我记录的笔记，有些当时没有记好，我又特意找到那位医生补充了。

亚健康作为一种偏离健康的生理状态，其临床特征大体上可以表现为以下几种类型（这里只是我挑选出来的适合你现阶段的几种）：

失眠或嗜睡：失眠可表现为难以入睡、醒后无法入睡或是早醒；嗜睡则表现为比正常时候明显容易犯困，或不易醒来。

健忘：表现为记忆力下降，特别是短期记忆下降，长期记忆则不受影响。

食欲不振：饭量明显降低，或是时常感觉没有胃口。

烦躁不安：烦躁，易激惹，情绪不稳定，易于失控或易于极端化，或有精神快要崩溃感。

抑郁或消沉：对任何事物都不感兴趣，没有好奇感，感觉孤独无助，前途无望，缺乏人际交往的欲望，往往与失眠或嗜睡、食欲不振等同时出现。

焦虑不安：忧心忡忡，坐卧不安，总感觉似有大祸临头，或担心某事某人而不能解脱。

疲乏无力：从事正常的日常活动也感到力不从心。

头晕心悸气短：没有来由（如没有空腹、剧烈运动等）地感觉头晕、心悸、气短。

大小便异常：如尿频尿急，小便变黄，大便稀，时常有轻微腹泻或里急后重伴随轻微腹部不适，或者也可伴有肢体麻木、瘙痒、酸痛或抽搐。

免疫功能下降：经常感冒或有感冒症状，皮肤轻微感染，咽喉不利，口腔黏膜溃疡等。

现在上面的内容你已经看过了,那么你仔细想一下,自己有没有出现上面所描述的哪一种或是几种状况。如果没有,那么"阿弥陀佛",爸爸无比宽慰;如果有,那么孩子,不管你的学习多么紧张、不管你有什么要紧的事情,都放下,到医院让医生看一下,别不当回事,亚健康也能害死人,爸爸很害怕。

听爸爸的话:

亚健康虽有"健康"两字,但与健康有着天壤之别;虽无"疾病",但却与疾病近在咫尺。

青春期，了解你的变化

丫头，一转眼，你已经从一个年幼无知的孩童成长为一个懂事的少年了。很多事情你都开始有了自己的主意和想法，你的生命里，爸爸和妈妈越来越成为配角。不过，你注意到了吗，你的思想行为以及你的身体特征都在一步步走向成熟。

有时候想一想，感觉青春期真是一个神秘的时期，孩子们就在几年的时间内突然从天真幼稚的儿童一下子成为有思想、有感情并且有模有样的年轻人。若是这之中没能见到孩子，那么等过了青春期再相见时几乎都认不出孩子了。

我还记得在我小的时候因为青春期的成长闹过一次笑话，那时候我17岁，已经上了高中，由于住校，所以不经常回家，偶尔回家也是住一晚上就走，这样一来家里的叔叔大爷一年到头都难得见上一面。

那一年正好赶上学校的宿舍要整修，于是放了一天假，连同周末就有三天的时间。回家那天吃完晚饭，已经有快九点钟了，你爷爷对我说："你到你二叔家坐会儿吧，前两天他还念叨说都有两年多没见到你了。"我说等明天不行吗？可爷爷说就今天吧，这显得你在乎你二叔不是？于是，我穿起外衣去看望二叔，但是冬天的风真冷啊，我下意识地往上拽了拽棉衣的领子，把那条深灰色的围脖解下来包在了脑袋上。

在二叔家门口，看见屋里的灯还亮着，大门没锁，我怕惊动左右邻居，没有说话直接进了院子，可当我前脚刚踏进堂屋的门，就

被人推了个跟头，还没等我回过神儿来手就被扭在了后背上，还听见二叔嘴里嘟哝着："哼，敢到我家里偷东西，你是不想活了。"我听出是二叔，赶紧说："二叔，是我。"

"少来这套，你的声音我听都没听过。"

"真是我，二叔，我是……"听着我说出了名字，二叔打开堂屋的灯，盯着我看了足足有一分多钟，才疑惑地说："是有点像，可我记得你还是个毛小子呢，一下子都这么高了，声音也不一样了……"

后来我还想，若是当时我吓蒙了，不赶紧报上名字，恐怕少不了一顿胖揍。

你一直没有长时间离开过爸爸的视线，所以对于你的成长我并没有像我二叔那样惊讶，不过我偶尔回想你小时候的模样还是会感觉变化太大了。我想你如果时常翻看以前的照片，一定也有同样的感觉，这就是青春期。它让你变得亭亭玉立，同时，也让你在男生面前变得羞涩紧张。

我相信聪明、细腻的你也一定发现了自己的很多变化。不光是女生，男生也一样，与你从小玩到大的你的发小陈磊，现在也已经不是那个"小萝卜头"了吧，短短几年的工夫他竟然一下子长高了那么多，还长出胡子，已经是大小伙子的模样了。当然，这些身体的变化非常正常，你们也一定知道，我也用不着啰嗦。爸爸想要和你说的是，在青春期里，你的心理也会发生很大的变化。最近一年里，我明显感觉到你的行为模式、自我意识、交往与情绪、人生观等都慢慢发生了变化，不再是孩子的特征，而是更为接近成人。这种变化当然是好事，但爸爸担心的是，这些迅速的变化会不会使你产生困扰、不安或是焦虑。所以，我觉得我有必要和你聊一聊。

首先，青春期是一个反抗的时期。为什么这么说呢？你的身体和心理在各种激素的作用下逐渐发展并成熟，而这种突然的变化会使得你在这个时期对生活的态度发生很大变化。你现在可以仔细想一想，是不是这几年你经常和爸爸妈妈对着干？有时候就算知道自己的做法不妥，还是觉得不听话的感觉更美妙。当然，你一直都算是乖巧的，所以你的反抗形式多半是对我们的建议或意见当作耳旁风，我行我素，而不是和我们发生激烈的冲突。说白了，有点消极反抗的意思。我敢肯定，你的这种反抗绝不仅仅针对我们，而是对学校和社会生活的要求、规范都有，这是正常的，就像小树苗长大后不再理会风吹日晒一样。这是你的自我意识在增加，爸爸很高兴。只是你自己也要清楚这一点，不要为了自己偶尔所做的"错事"过于自责，权当自己发了一次癔症，只要尽量做好后面的事就行了。

其次，青春期还是一个负重的时期。你自己也不止一次地说过"我已经长大了"的话吧，长大意味着什么？责任和承担。最近两三年，你的确已经替我和妈妈分担了不少事情，比如妈妈不在家时你给爸爸做过饭、妈妈去参加同事的婚礼你出谋划策选礼物、爸爸和妈妈闹别扭时你还当过调解员、关于上学你有自己的想法并决定为之负责、学习上不再需要我们督促而是自觉努力、与同学间的矛盾不再请我们帮忙而是自己承担……我知道，这些负担是你走向成熟所不可缺少的，如果不增加负担，那么你就只能一直停留在幼稚之中。所以，在各种不断袭来的负担之中，你得学会安慰自己：上帝绝不会让三岁的孩子举起100斤的物体，我之所以需要负担，完全是因为我已经长大了。

紧张、焦虑和自卑都是青春期的正常情绪，你也要试着理解。因为这一切都是有原因的，想想看，你们的身高、体重、身材、样貌等都在不断发生变化，这当然会让自己的心理不得不一次次接受改变，变得漂亮自然是好的，但是青春痘、"大姨妈"、体重增加等也都是青春期的必需品，这对于爱美的你来说一定会成为累赘，也难免有自卑、焦虑的情绪产生，这也是正常的。而爸爸要你做的并不是不要产生各种情绪（事实上这种要求也是根本不合理和不可能实现的），而是产生了情绪之后要明白自己情绪的来由，并告诉自己这不过是青春期的必修课，就如同学校安排的月考一样，躲是躲不过去的，努力考好才是上上策。

你也许会很迷惑，为什么青春期要经历这样多的心理和情绪变化。这个问题真是问到了点子上，这也是我最想告诉你的。你应该明白，各种情绪和心理问题实际上都是大脑的思维。而在青春期阶

段，大脑生长迅速，许多新生的神经树突和轴突并没有开始分担工作，这就导致许多信号传递发生混乱甚至丢失，那么你的思维就会因此而受到影响，致使很多事情想不明白，或是不自觉地做出一些错误决定，你也就会被很多问题所困扰。打个比方或许更好明白，就如同一个城市的交通，如果在城市里新增加了很多路，但是十字路口的红绿灯以及指路标牌还没有启动，那么来往车辆的通行就没有秩序，大家随便乱走，或是走错路，或是发生事故，那么交通系统就会出现问题。

所以，你要相信，你在这一时期发生的很多问题，并不能说明你的本质发生了变化，这只是一些荷尔蒙在作祟而已，等到青春期结束，你的一切都会恢复到正常并发生质的飞跃。

听爸爸的话：

孩子，你已经了解了女性青春期会出现的身体变化，也知道了那些恼人的问题的来由，这些都是在为你成长为动人的女人做准备，所以没什么好害羞、懊恼和紧张的。

第四章
气质，开启男生心灵的第一把钥匙

女孩子不仅要活泼可爱，更要有气质，因为这是一个女生最为显眼的标志，也是开启男生心灵的第一把钥匙。因为女孩子若是没有气质，就算穿着再华丽、相貌再娇美，人们感觉到的也只能是肤浅而已。

气质是你征服男生的最佳名片

宝贝，你知道我最大的愿望是什么吗？就是有机会了去趟法国的巴黎，我想去巴黎可不是为了看埃菲尔铁塔或是巴黎圣母院，我是想看看法国的女人究竟有什么特别。很早的时候就听人说：法国女人无论想要什么，上帝都会痛痛快快地说"YES"！为什么呢？一向公允的上帝为何如此偏袒法国女人？原因只有一个，就是因为她们得天独厚的气质令全世界都嫉妒且感动。所以，我很想看看巴黎的女人到底是如何的有气质。

这让我想起初中和高中时代，那时候正是男女生的青春发育期，少男少女的青春骚动使得男生开始将目光盯在女生身上。所以，班里总是有一些女孩子成为众多男生眼中的香饽饽，几乎所有的男生（当然也包括我）都拼着力气想要成为她们的伙伴，希望能够为她们做点什么，哪怕去收她们的作业那感觉都不一样。

不过，现在我以一个成年男人的眼光来看，那些女生未必都漂亮，只是让男生感觉有一种说不出的味道，这大概就是气质。所以，我觉得气质之于女人，就好比空气之于生命，阳光之于花朵，万万不能缺少，否则生命即便存在，也终究不过是无精打采的躯壳罢了。

一个人的价值最终要由他的能力来实现，但对于女人，从某种角度上来说，她的气质由于具有"先入为主"的作用，常常会对其人生造成不可估量的影响。那么，气质到底是什么呢？其实，气质本身并不是一种单独的状态，它是一个人在思维习惯、行为习惯及情绪习惯上的综合体现，或成熟，或优秀，或文雅，或娴静……无

论哪一种都将是你独一无二的标志。

现在，你可能要问我了："爸爸，那在你看来我是有气质呢还是没气质呢？"我的回答当然是肯定的，每个人都会有不同的气质，关键是这个气质是不是为其他人（或者狭隘一点说是不是为男生）所接受和喜欢的。现在，你又要问了："爸爸，我要怎样培养出受男生欢迎的气质呢？"

是啊，如何培养出受男生欢迎的气质呢？你若真有了这样的气质，就会变得如同一本好书，虽然不是每个人都能把你读懂，然而一旦有人翻开，就会爱不释手。

为此，我想你首先要做个充满自信的女孩儿。在现在这个竞争激烈的社会里，你不要再把自己看作是男人的附属，女人也要有女人的生活，独立而美好。那种自怨自艾、哭天抹泪的女人虽然常常会博得男人的同情，但并不一定能受到青睐。你将来所需要面对的无非是男人和社会，而男人和社会都更加欣赏那些乐观自信的女人，因为她们更能让自己感到舒心和积极。你要知道，男人虽然似乎理所应当，甚至天经地义地是坚强的代表，但男人也知道，若是能与一个自信的女人共度人生，他的生活将永远新意倍出，永远不会走向退化；同样，社会也一样更喜欢自信的女人，那会让它更加进步和和谐。

其次，你得学着让自己高贵起来，不要说我还是个小女生，就是要无拘无束、刁蛮撒野，事实上这却很减损你的气质，几年之后你再回过头来看时，就会觉得当时的自己有多么可笑。你读过《茶花女》吧，印象中你好像跟我说起过这本书的。书中的富人子弟阿尔芒完全不顾及身份和地位彻彻底底爱上了一个妓女，就是因为她气质高贵又有女人味，是她给了阿尔芒生活的信心和勇气，让阿尔芒的心灵得到净化、斗志得到激励。当然，我并不希望也不认同你的高贵是要做给男人看的，我更希望你的高贵是做给自己的，我们的出身和地位很一般，你的容貌和衣着也算不得出众，但我想你一样可以成为高贵的女孩儿（事实上，高贵与这些东西并不相干），纤尘不染、俯瞰繁华，不媚俗、不盲从、不虚华，凭他是谁也会对你高看三分。

另外,再做个善意通达的人吧。毕竟温柔善良向来都是女人最标本式的气质,我想即便现在的男生已经与爸爸那个时候不一样,他们可能会喜欢有个性的女生,但若从长远看,我还是相信他们也无法接受"河东狮吼"。所以,你若拥有了善良,也就拥有了最引人瞩目的本质,你若能做到通达,也就会成为他人心中最想要交谈的对象,当越来越多的人愿意围绕在你身边,还愁找不到自己倾慕的男生吗?

当然,你还得做个有主见的女孩儿。女人是"情感动物",无论对待感情,还是事业、生活常常都是感情胜过理智,而这样做常常会让你吃一些亏,虽然有"吃一堑长一智"的说法,但是爸爸并不想用哪种方式来增加你的智慧。但如果你能有主见的话,一切都会不一样。比如,你肯定不会人云亦云,盲目跟风;也不会和"长舌妇"们三五一群对某些人字字讥讽,闲话漫天。因为你需要做更有意义的事情,你有自己的追求,你自信且努力,周身散发着超然的气质,走自己的路,让一切干扰无路可走。

我想,这才是我的女儿。

听爸爸的话:

如果说容貌如同花朵,总会有凋零的一天;那么气质就如同一杯清茗,淡而持久。所以,爸爸的小天使,就让气质成就你的优雅吧。

培养气质,时尚信息是必备品

这两年妈妈发生了很大变化,我们有目共睹,你还说妈妈这是"老来俏"。可是你知道妈妈为什么会有如此转变吗?这还得从几年前你的一句话说起,或许你自己早已经不记得了,但是妈妈把它记在了心里。当然,这不是妈妈对你有责备的意思,只是她很希望成为你心中最完美的妈妈而已。

大概是你上小学二三年级的时候,有一次妈妈去参加你的家长会。你知道,自从有了你,妈妈就辞掉了工作,成为了一个全职妈妈,所以你的一切都由妈妈全权负责,这让我感到万分轻松。当然,现在想来,爸爸也因此没能很好地尽到父亲的责任,这件事让我一直心存愧疚。

那次家长会全班三十几名学生的家长全部出席。会上老师向家长们报告了每个学生的情况,并请每一位家长对老师和学校提出自己的建议或意见。据妈妈说,她那次提出了好几条比较切实可行的建议,得到老师和诸多家长的一致好评,很是得意。由于家长会时间比较长,所以开完家长会都已经快放学了,家长们就都没有走,在门口等你们放学,妈妈也和其他的家长们有一搭没一搭地闲聊着,等待着宝贝女儿快放学。可是,没想到,你出来的时候看到妈妈竟然说了一句:"妈,你怎么这么土啊。"

你知道吗?妈妈说她当时眼泪都快下来了。她说不是怪你,而是怪自己,她一直以为自己是个合格完美的妈妈,但却独独没有注意到自己也要与时俱进。回到家里,她把自己的衣橱狠狠整理了一番，又买来最新的时尚杂志看，发现自己真的落伍了。

就是从那以后，妈妈开始了她的时尚之旅，无论是穿衣打扮，还是言谈举止，都仿佛换了一个人似的。而妈妈的秘诀就在于每个月都会购买一本时尚杂志，所以，妈妈越来越有气质了。就连我们的家里也是一样，以前餐桌上总是传统的老菜目，现在也有了很多新鲜的创意，餐桌上的烛台，电视旁的插花都给我们的家里增添了很多情趣，还有妈妈自己，我们也觉得发生了很大的变化，不是吗？她刚刚学会的肚皮舞是不是让我们眼前一亮？她头上精致的发卡是不是让我们惊叹？

没错，一个女人要保持住自己的气质，就不能像古董一样一成不变，就需要源源不断的时尚信息，这样你才能不断输入新鲜的血液，让生命之花常开常新。所以，你若是想要拥有不一样的气质，自然也离不开时尚信息的帮助。

当然，说到这些，我觉得你肯定比我要知道的多，毕竟现在是年轻人的天下，我们这一代都已经显得有些"古董"了，更何况爸爸是男人，对时尚原本就没有概念。不过我还是想说说我的看法，如果你觉得都在你的所知范围之内，就当是老师听学生背诵课文好了。

从我的角度上来看，那些时尚资讯现在最多也是最普遍、最直接的来源应该就是网络，这对于你们这些小网虫们来说简直是易如反掌，轻轻一点鼠标，要什么资讯有什么资讯。现在几乎各大网站都会专门设有时尚专区，通过它们你可以了解到目前最新鲜的时尚信息。除了网络，当然还有电视，有些电视台也设置了时尚栏目，专门谈论穿衣、美容等方面的内容，或者一些模特比赛、时装秀之类的栏目也都对女孩子提升气质很有好处。电视栏目相对来讲内容应该更为可靠一些吧，当然这是我的直觉，选用的时候你还是要斟酌。

这两个时尚信息的来源对你和你的那些小姐妹来说并不陌生，而我想说的是另外两种。一种是真真实实的时装秀，如果你能够有机会去现场体会一下的话，感觉一定和在网上看到的图片是不一样

的，那种立体的美更有助于你去真切地感受，并合理地运用到自己身上来。还有一种就是图书和杂志，一般来说，目前市场上的时尚图书多半并不是走在时尚最前沿的，它们多是一些编辑从各处搜集来信息，然后再加以整理归类，然后出版。这与那些专业的时尚杂志有着本质的区别，所以，我建议你去购买那些时尚杂志，虽然贵一点，但是每个月也不过购买一两本，少吃几次 KFC 就有了。

当然，作为家里唯一的男人，我也会尽我所能为你和妈妈扩大时尚资讯范围，争取让我生命中这两个可爱的女人都能时时刻刻保持时尚，更希望让你们永远在时尚信息的引导下保持住你们的最佳气质。

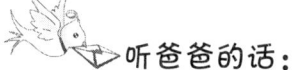听爸爸的话：

女人可以没有漂亮的脸蛋和身材，但是不能没有超凡脱俗的气质。而超凡脱俗的气质总是需要你源源不断注入新鲜的血液，所以要多读、多看、多听。

多读书，散发少女的知性魅力

哲人说，生命的完美并不在于实现了所有的愿望，而是因为曾遭遇了一次次的挫折和坎坷，只有这样，才能留住人生的一脉幽香。在很多时候我都是这样认为的。在我们生命的长河里，总是要与风雨相伴，与崎岖相伴，与严寒和酷暑相伴。一道道生命的阻隔让我们百般无奈，也让我们感觉抵达生命的彼岸的路途也黯然起来。此时，我总是不禁想起一句话：文中自有克难计。的确是这样，读书会让生命智慧起来，不知不觉中获得那些生命中的未知，使生命的底蕴渐渐地丰厚了。

我是个喜欢读书的人，读书总是让我感觉自己与众不同。记得上中学那会儿，功课十分紧张，阅读课外书籍几乎成了一种奢侈的愿望。但我总是不顾一切，找到机会便要读。校园外边那些油菜花田、小溪柳荫、大草垛下，都有我读书的身影。

还记得一年夏天，吃过午饭，我照例拿了两本书到校外读。在一个田埂的大树下，凉风习习，我竟然一边看书，一边迷迷糊糊地睡着了。梦中自己到溪水中游泳，那份惬意和凉爽真是沁透心肺。但不知怎么的，突然醒来，愣怔间，发现自己竟然真的在水里，原来是自己睡着了倒在了水田里。赶紧挣扎起身，寻找我那两本宝贵的课外书，发现它们早就被水泡得精湿。起身之间，衣裤上面也满是泥水，所幸水不深，否则我就成了为读书而溺亡的"英雄"了。捞起我的书，跑到一块平地去晾晒，当然我也不得不站到阳光下，为的是衣裤早点干。但是，直到快放学时，衣裤都没有干，于是只

好湿漉漉地捧着我那两本千层饼一样的书去上课。

虽然走进教室的瞬间，同学们都笑得几乎流出眼泪，但是我内心里却仍然觉得我和他们不一样，至少我发明了一个比喻，那两本湿了又晒干的书像"千层饼"，这样美妙的比喻岂是那些不读书的人能够想得到的？

所以，爸爸早早就教你识字，为的就是让你多读一些书，多在书中享受一些快乐。每个人都有一个在阅读中成长的过程，你也不例外。高尔基曾说："读书，实际上是一个人的心灵和上下古今一切伟大的智慧相结合的过程。"这样说来，只要你肯多读书，就能获得古今中外若干的知识，让你成为所谓的知性美女吧。

关于"知性"一词，其实是我最近几年才听到的，我找不到有关这个词的具体的解释，但是从我听到这个词的时候，我感觉我已经理解了，但又好像说不出来它究竟包含了什么内容。但不管怎样，人是需要知性的。尤其女人，若能够在举止优雅的同时，让自己略带知性，我想她一定会是所有男子心目中的"女神"。因为有了知识的导引，女人的内心便少了许多的茫然和焦躁，无意中流露出来的尽是岁月历练后的美丽与智慧。又因为有了知识的铺垫，女人会更加的有内涵、有主张、有灵性，或许她与魔鬼的身材、天使的脸蛋都相去甚远，但却懂得用知识把自己打扮得精致而品味高尚。

但有时候爸爸所担心的不是你，而是你生活在了一个绝大多数人都不爱读书的时代。时下听到一种很流行的说法，叫做：有情去泡吧，无聊才读书。虽说是一种调侃，但听起来总觉得不是滋味。我并不反对你偶尔也去泡吧，那毕竟是年轻人的时尚，是你们生活的一部分，但我希望你不要用泡吧代替了读书。因为读书所带给你的知识和知性之美，是灯红酒绿的酒吧永远都无法企及的。

当然，基于德国老头黑格尔"存在即是合理"的理论，泡吧也自然有泡吧的好处，但在我看来，那些躁动的音乐、闪烁的灯光除了一时的疯狂并不能给你带来什么。而人是需要指点的，不然你一味地走下去，就算是正确的道路你也不知道已经走到了哪里，还要走多久；而读书所带给你的知性，却可以让你知道你应该走哪一条路，走多远，用多快的速度，用你多少的能力……

所以，无论如何，爸爸希望你不要放弃读书，不要放弃成为知性少女的机会。不过读书，一般有两种（不知道以前和你说过没有），一种是读工具书，目的是获取某方面的知识，如读专业书、文献书和某领域的技艺知识，这对于你将来的职业发展、社会身份的肯定是必要的；还有一种是在我看来的真正的"读书"，那是为生命的成长所做的阅读，虽然你现在读了十几本甚至几十本书，但对明天的考试或求职没有丝毫帮助，但日复一日，年复一年，这些看似没用的东西却可以变成生命的一种支撑，一种救赎。

那么你该读些什么样的书呢？

我想我也没有什么具体的建议，因为读书毕竟是一件很私人的事，有人喜欢阳春白雪，有人喜欢下里巴人，我怎么能够以我的喜好来建议你呢？何况，人生的不同阶段，对书的需求和选择也一定不太一样。比如：你还很年轻，所以可以看些理想色彩较浓的，像《热爱生命》、《钢铁是怎样炼成的》，这些曾影响了全世界的几代人的经典，也一定会成为你强大的精神支撑。当然，因为在豆蔻年华，所以还可以是爱情的，《世界爱情小说经典》我倒是很希望你能读一读。因为现代的情感太商业化了，有时甚至令人沮丧，看看那些名著可以让你在那些美好纯洁的小说人物身上找到心灵的抚慰，也有助于你看到爱情的真谛，将来嫁得如意郎君，也让爸爸放心。

读书本身真的是一种享受，我想这种享受并不是每个人都能体会得到。特别是现代人，生活节奏越来越快，你不是也常常和我抱怨时间不够用吗？说自己要学习、要聚会、要锻炼，根本就没有时间坐下来读书。但鲁迅先生曾说过的那句名言你一定知道的——时间就像海绵里的水，只要愿挤，总还是有的。所以，爸爸真心地希望你能够不图清闲，不贪逸趣，每天挤点时间来读书，做个美丽的知性女孩儿。

# 听爸爸的话：

人是需要知性的，当你困惑于眼前的场景时，或许你很久很久以前读过的某一本书会带给你一个灵感，你便一下子跨越了障碍。所以，你什么都可以吝惜，但不要吝惜读书的时间。

说脏话，只能让自己显得懒散和粗俗

最近看过一期电视节目，就是现在非常火爆的某电视台的相亲类节目。原本我是对这一类节目没有丝毫兴趣的，但是总听几个年轻的同事说起这档节目，说其中有很多嘉宾都语出惊人，于是有一天恰逢这个节目播出，我便看了起来。

当天的嘉宾是四位男生和四位女生，四位男生都打扮得很简约，大体上是T恤衫加牛仔裤，或是衬衫加牛仔裤，四位女生则各不相同，有一位是抹胸长裙搭配半袖坎肩儿的淑女风范，有两位是十分妖艳的低胸短裙的性感范儿，还有一位近似于职业装的干练型。

嘉宾一一作了自我介绍以及求偶标准，然后就是相互对感兴趣的人提问。节目看到现在，并没有什么新奇，也没有激起我的任何情绪。接下来，在主持人的要求下，每个人都拿了一张小纸条和一支笔，要求嘉宾在纸上写上三个词语：自己的名字＋在什么地方＋干什么，比如张三在床上看电视等。8位嘉宾都写好后，主持让将每个小纸条都撕成三份，然后将所有的名字放一堆，所有的地点放一堆，所有的行动放一堆。然后，请每一位嘉宾随便抽出一个名字、一个地点和一个行动来重新排列。这样一来，就五花八门了。

第一人抽出的是：张三（就这样代替吧，我早记不清名字了）在墙上睡觉。引得大家哄堂大笑，张三也大笑。

第二人抽出的是：李四在星星上打蚊子。大家继续大笑，李四也大笑。

第三人抽出的是：王五在舞台上尿裤子。大家大笑不已，王五

也大笑,同时,王五(是位女士)大骂:"谁他妈的这么缺德呀,简直是 SB。"

这一声如同晴天霹雳,在场的嘉宾、观众以及主持人都愣住了。表情凝重5秒钟后,主持人笑着说:"别愣着呀,游戏继续。"

……

这之后他们又抽到了什么有趣的话题我一句也没有听进去,脑海里还是刚才那位女嘉宾的语惊四座的场面。当时想必摄影师也来不及转换镜头,观众们的嘴几乎都成了"O"型,当然包括我也是。虽然我曾经看过不少恐怖片,但都没有像这个场景这样仅仅因为一句话而引起强烈的心理反应。

所以,现在请你回想一下:上一次,别人说脏话时让你瞠目结舌是在什么时候?你当时是什么感受?或者你听见有人在诅咒他人是什么时候?你的感觉又是怎样的?在你的身边你的那些小姐妹或男同学是不是也经常粗话不离口呢?当它们那样随便地被说出来,或是形容词,如"我们去那个＊＊＊的商店吧",或是动词"别把自己的衣服搞＊＊＊了",或是名词"那家伙真是个＊＊＊",也或者是其他什么,想一想,你听到这些脏话感觉舒服吗?

我猜想像你这样一位美丽的公主一定感觉很不好,甚至感到耻辱。的确,这种骂人的话只能显示一个人(尤其是女孩子)的粗俗。说句掏心窝子的话,爸爸可不希望你那样。

当然,你也可能会与我辩解,因为在现在的年轻人嘴里,这些脏话似乎并不总是意味着对人的辱骂或是诅咒,有时候仅仅是"顺嘴儿吐噜了",所以不具备更大的分量和更多的含义。若是这样,那么它们无疑成了一种累赘,而使你的话变得冗长。不相信吗?你可以做个测试:你可以随便写下你的朋友(爱说脏话的)说的七八句话,然后去掉其中所有的骂人的话。此时,你一定会发现,原来的七八句话现在竟然只剩下三四句了。既然这样,你觉得这些随便说说的脏话究竟该不该存在呢?

还有一个让我头疼的事情,就是现在很多影片中也总是夹杂着各种粗俗的脏话,而且越来越多。而电影制作人还理直气壮地声称,这就是现实，是人们最真实的说话方式。到底说脏话是不是人的最本质的说话方式我不置可否，但我想说的是，不停地说脏话只能让人变得更加懒散和粗俗。

要知道，在过去，脏话和粗话仅仅是表达愤怒的一种方式，偶尔用之，会使语气加重，让对方感到压力。但即便这样，脏话也会让人对你产生很坏的印象。

我不是开玩笑。我小的时候就说过一次，至今都让我觉得有点不舒服。那还是上初中二年级时，我当时学习很优秀，但是同桌学习很糟糕。面对下午的考试，我们采取的应对措施完全不同，我忙着低头复习功课，而他则一个劲儿地用胳膊撞我，乞求我到时候给他抄一些。我答应了，他又开始寻找抄袭时的策略，要我如何给他递纸条，如何把试卷露给他看，我不耐烦地说等下课再商量，但是他还是不停地"骚扰我"。我真是气急了，大声骂道："＊你妈！"结果，嘈杂的教师顿时鸦雀无声，老师抬头问："是你说的吗？到教室外面站着。"我与老师分辩，但老师说："说什么也没用，是你在骂人。"

你知道吗？我一想到教师在瞬间鸦雀无声、几十双眼睛瞬间盯住我的场景都感觉不寒而栗。想一想，若是这事发生在你一个女孩子的身上，该有多么的尴尬呀。不要对此不以为然，也不要因为别人都在说脏话就给自己找理由。男孩子们言语粗俗，大概是因为他们在语言上不具有创造性，所以，他们对人骂骂咧咧似乎稍微有情可原。但我不能理解的是，为什么那么多纯洁的女孩子也会动辄骂人呢？我无数次在商场或是路上听见女孩子满口脏话，还一脸的得意，我真不知道这有什么可自豪的。

我很庆幸，你还没有加入到她们的行列。尽管如此，我还是要提醒你记住：在任何时候，任何场合，说脏话对于你来说，有百害而无一利。女人们过去争取了若干年的男女平等，可不是为了得到说脏话的权利。

**听爸爸的话：**

　　如果你愿意让自己显得庸俗和下流，那你想说什么就说什么吧。但我敢保证，这样肯定会彻底摧毁你在他人（包括你心仪的男生和我）心中的形象。

自信，让你别样的美丽

我曾经读过一首叫《不要贬低自己》的诗歌，忘了是谁写的了，但是还记得其中的内容：

你说人生是一场戏/我没有异议/可是我不同意/自己总是别人的配角/生活的主人公/永远属于自己/或许/你又要同我争辩/我不言语/轻轻地/写两句诗给你/主角也罢/配角也罢/谁没有快乐/谁没有哭泣/一个人啊/不要太看高了别人/也不要太贬低了自己/

一个女孩子，若是没有自信，就如萎谢了的花朵，看起来无精打采，郁郁寡欢。若是有了自信，你就会总是容光焕发，在人群中人们一眼就能看到你，因为自信满满的你是那么与众不同，健康、生动、活力四射，你身边的每个人都能感受到这股强大的力量。

但并不是所有的女孩子都对自己充满自信，你不妨想一想，在自己的身边，包括你自己是不是有些时候也显得有些许的不够大方。比如在KTV，有人邀你高歌一曲，你明明唱得不错，却偏偏要说"不行，不行，我五音不全"之类的话；也或者在班里或是单位的晚会上，老师或领导让你来担任主持，你也以"我不会"而推脱掉。这样的情况应该不少见吧。

我在想啊，为什么年纪轻轻就如此的不敢表现自己呢？这当然可能与我们的传统文化有关系，就连你我们也是一直教育不要妄自尊大，不要"满瓶不动半瓶摇"，这当然是对的。但这并不是意味着

你要隐藏自己的一切能力，就如同现在非常流行的一句话叫做"低调做人，高调做事"。教育的初衷一定是为了让我们低调做人，但不少时候却同时导致了人们低调做事，甚至使得人们认为自己做不了事。

千万不要陷入这个怪圈，孩子，到什么时候都不要随随便便认为自己不行。西方一位哲学家说，不要因为他人的议论而鄙视自己，否则你就会陷入自卑的"心灵监狱"。对于这个词，想必你也能够理解，就是自己给自己做的牢笼。我们举个最简单的例子吧，比如自寻烦恼这件事，有的人总是责备自己的过失，或是唠叨自己多么的不容易，或者总是念叨自己这里或那里不舒服……结果，时间一长，这个人就会真的变成她所说的那样，这就是"心灵监狱"。

我记得还是在五六年前就特意带你去电影院看《罗马假日》，虽然是一部老片子，但我想凡是女孩子都要去看一下。因为若是谁家的女儿能够从主人公安妮公主的身上学到哪怕一丝的自信和气质，都可以成为众人心中的女神。所以，我也带你去看了。只是，不知道你有没有受到公主的感染，当然，在爸爸心里，你永远是最美丽、最高贵的公主，这一点毋庸置疑。

其实，《罗马假日》之所以能够红极一时，还是要归功于主演奥黛丽·赫本。因为她本人就是个风姿绰约的女孩子，她举手投足之间流露出的自信足以让所有人为之倾心。即便是到了老年，皱纹横生时，这个传奇的女人依旧魅力不减。据说，这还是要归因于她的自信。当有记者问她是不是感觉脸上的皱纹是年老的标志时，你知道她怎么回答吗？她竟然很肯定地回答说："不是，这是岁月的勋章。"或者正是因为这份自信，才让赫本直到今天依然是人们心目中的女神吧。

是的，奥黛丽·赫本的确离我们的生活有点远。那我再给你讲一件我经历的事吧，这件事已经过去很多年了，那时候我刚刚和妈妈结婚，还没有你。正月初二，我和妈妈到姥姥家拜年，这一天是姥姥家最热闹的日子，你的四个姨妈、四个姨父以及孩子们加上我们一家人都会在这一天聚到姥姥家。闲来无事，五个男人便玩牌，加上一点小赌注，图个乐呵。

那一次，刚刚坐定，你四姨夫就说"哎呀，我身上没带多少钱啊，先来吧，输了先赊账。"我们还揶揄他说："钱都让媳妇管着呢吧。"他笑笑不答。开始发牌了，不幸的是，我发现自己拿了一张不太好的牌。

我偷瞄了一眼大家，看到你四姨夫不动声色地从钱包里拿了二十放在了桌子上。但是他看都不看其他人一眼。第二轮可以换牌了，但他没有换牌，并且又加了二十在上面。看到这儿，我暗想：他手里一定是张好牌。于是，我退出了。

现在还剩下你另外三个姨父坚持着，而你四姨夫则把身上剩下的钱全压了上去。

剩下的三个也被吓住了，他们也如同我一样退出了。不用问，你四姨夫胜利了。我们要求他展示底牌。他掀开了让我们目瞪口呆的那张牌，竟然是一张最小的牌。短暂的沉默后，你四姨夫大笑道："我知道我肯定能赢，因为你们心里都没底了，哈哈哈哈……"

我们也都跟着大笑起来，说他太鬼。但这却引起了我的思考，为什么我第一个退出了呢？因为我害怕自己的牌没有他的好，为什么他们几个坚持了一轮儿也退出了呢？因为他们也没有信心能赢。原本我们每个人手里都有一张牌，原本我们几个人的牌还不错，可就是因为对自己没有信心，结果输掉了。其实，生活中何尝不是这样呢？没有人能够绝对拥有最好的牌，但如果你想赢，就要始终相信你手中的牌和你的意志、决心一样强。我说这个当然不是要教你行骗，只是想告诉你自信是多么神奇的事情，它竟然可以逆转局势，让人不可思议地赢，也让人不可思议地输。

而作为女孩儿，我想说的是：你的自信可以让你尽情享受生命的乐趣，也可以让你清醒地保持灵魂的明净。当你学会了自信，你会发现，不知不觉中你已经昂起头、挺起胸，走路也变得轻快起来；当然，自信的你更能够坦然面对生活的一切，甜也好苦也罢，你都

能够处理得万分妥当。而到那个时候，我想，全世界的男生都会发现你不一样的美丽，都会如同崇拜赫本一样仰视着你，我的宝贝儿。

听爸爸的话：

  与其因怀疑自己不够美丽而苦恼，不如多发现自己的能力；与其因怀疑自己的能力而绝望，不如安慰自己、相信自己，同时善待自己。

女生的好习惯，男生都喜欢

前些日子，和一个朋友聊天，他气愤地说："现在这是什么世道，孩子真是太不容易了。"我问他原因，他说他在某论坛上看到一个帖子，帖子说北京市某小学明文规定：禁止在公众场合放屁，违者一次罚款5元。

听朋友一说，我也觉得这样的规定不近人情，屁要来的时候通常是不会事先与主人沟通的，怎么办呢？克制？谁能克制得住、克制得好呢？克制不成，只好放了呗。可反过来一想，还是明白了校方的良苦用心，毕竟放屁不是一件高雅的或者说文明的事，污染空气不说，也影响老师上课学生听课。比如大家都在全神贯注地听老师讲课，突然来了一连串的"噗噗"声，肯定会影响课堂纪律。

这又让我想起大学毕业时听的一堂公益课，那是临近毕业，学校特意组织了有关"自律"的演讲，旨在让我们走向社会后能够在工作岗位上自律，以便更好地成为职场精英。

听课的学生大概也有百十来人，正当老师侃侃而谈"自律"时，台下冷不丁爆出一个响屁。但这屁并没有瞬间收尾，听得老师似乎心有余悸，我眼看着他拿粉笔的手在黑板上僵了几秒钟。老师没回头，镇定地言归正传，刚说到："在工作中，一定要学会自律"时，屁声再次娓娓响起，一连串的"嗦拉西哆"，颇有音律。

我当时脑子里倒是没有想到自律的事，只是好奇这哥们儿吃了多少大萝卜，顺气到如此地步。但我敢断定，老师想到了自律，只是苦于无话可说，老师望着天花板，蹙紧眉头，屏息静气，扭曲的

面部表情很明显地告诉我们——他憋不住了。面部扭曲的不止是老师，台下的同学们也都以各种不同肌肉群让脸部呈现不同的变形，寂静的会场似乎在等待一个结局。大概十数秒钟后，未待老师开口，屁音再次来袭，一个漫长的"拉"音，高亢着照样弥漫开来……

老师掷掉手中的粉笔头，以他最后的一丝严肃语气说："连屁事都不能自律，还讲什么，下课！"然后老师第一时间奔到教室外面，没看见老师的表情，但他肯定在大笑。

这事过去快20年了，但我还是时常想起，每当遇到一些事情，想要不顾一切地按照习惯去做时，就会想一想：这样合不合适？

当然，每个人都有这样那样的臭毛病、坏习惯，只不过积习难改，有的甚至自己都不知道。可问题是如果别人帮忙指出来后，我们能不能谦虚地接受并努力改正呢？据我多年的生活经验，多数人是不愿从心底里接受的，比如吃饭吧唧嘴、在饭桌上剔牙、在众人面前挖鼻孔、肆无忌惮地打嗝或放屁等，若是别人非要指正一二，这人说不定还要回敬一句：关你屁事！

但我想要告诉你的是：良好的习惯是你幸福的奠基石，因为习惯往往是一个人综合素质的体现，试问那个男生会不喜欢举止文明、习惯良好的女孩子呢？

知道这是为什么吗？因为习惯就如同一棵小树的根一样，如果树根是好习惯的话，那么好习惯就会跟着你一起长大，并成为一生的美德。如果树根是坏习惯的话，它也会越扎越深，到时候就算你想要铲除，也不会那么容易了。

现在和你这个十几岁的大姑娘谈习惯，你肯定会有些不服气，甚至可能白我一眼说"你早干吗去了"。早我也在努力培养你的好习惯，比如讲卫生、懂礼貌等，这些你做得都很好。但还有一些，我得慢慢教你，比如：

性情要温和。遇到一件事不能总是任性而为，你要学会分清对错，不要刁蛮任性，要多听大人的劝告。另外，一个女孩子千万不要马马虎虎，要学会细心，小事也不能随随便便处理，只有现在能做好手头的小事，长大后才能做大事。

要有安全防范意识。你不知道因为你是女孩子，爸爸需要多操多少心，女孩子的安全永远都是爸爸心头最重的事。危险就如同没有井盖的下水道，它随时都可能悄无声息地出现，只等你一个不小心就把你咬住。所以，很多事情你都要多加小心，比如和同学们玩耍时，上学过马路时，独自一人在家时，去超市买东西时，坐车遇到陌生人搭讪时……总之，任何时候都要牢记"安全第一"！这是所有习惯中最有价值的一个。

做个勤快的丫头，勤快的孩子总是最逗人爱，我还记得你小时候主动帮爸爸拿鞋子、擦桌子、端茶水，你无法体会那种感觉有多好！所以多帮助他人做一些力所能及的事，别人会更加喜爱你，而你自己也会更加快乐。

最后，你还要爱学习，这是你终身都必须要保持的好习惯，好在你从上学开始就慢慢喜欢上了读书，能够主动学功课、做作业、写日记（这一点现在有没有保持我不太肯定）。如果你能够继续保持下去，我敢保证，对你的一生都有好处。

好的习惯和坏的习惯一样，都不是一天两天能养成的，它们不断被重复，重复的次数越多，存在的时间越长，扎的根也就越深。所以，从你意识到某件事可能是你的习惯后，你就要快速分辨出它的优劣，好的一定要坚持，坏的一定要剔除。

听爸爸的话：

英国作家王尔德说，起初是我们造就习惯，后来是习惯造就我们。爸爸希望你能在最早的时间造就最多的好习惯，日后好让这些好习惯造就我最出色的女儿。

让优雅成为你最美的外衣

我相信没有一个女孩会对优雅无动于衷，反正我相信你不会。因为漂亮最多维持20年，虽然可以让男生对你一时意乱情迷，但这不是吸引他们的长久之计；可是，优雅却不一样，它会让人对你一生难忘，不仅是男生，见过你的女生也一样会对你着迷。所以说，漂亮的女生满大街都是，而懂得优雅者却是万里挑一，百年不遇。

在大概七八年前，有一次我到山东的一个小县城里出差，当时单位的效益不太好，将近两个月的时间如果住宾馆得需要一笔不小的开支，于是单位给我们一同出差的三个人租了一间房子。这样一来，我们的一应起居饮食都要自己来解决，由于我不会做饭，所以承担了打扫卫生的任务。每天早晨起床后，我都负责把我们前天制造的垃圾扔到楼下的垃圾堆（我说了条件很艰苦，我们租住的房屋外面没有垃圾桶，只有大家随意堆放的垃圾）。

有一天早晨，我照例扔垃圾，正好看见一位面容清瘦的女清洁工，于是便把垃圾直接放到了她的垃圾车上，为的是免去她将地上的垃圾铲上车的麻烦。她见我是为她着想，非常优雅地冲我点头微笑，并干脆地说了声"谢谢"。之后，我经常在扔垃圾的时候碰见她，只要她的垃圾车在，我都会把垃圾直接放到垃圾车上，而她则总是微笑着，优雅地点头，说"谢谢"。

由于经常见到她，所以我还注意到了她的穿着，她好像并不是那种正规的环卫公司的职员，因为她从没有穿过制服，但她总是打扮得很整洁，甚至时髦，像是在做一件体面、荣耀的事。有几次，我看见她在捡起地上的烟头或是一些小垃圾时的姿势，她从来不会直接撅起屁股低头捡起，总是两腿一前一后蹲下，捡起地上的垃圾，然后起身放进自己的垃圾车里，如同舞会上的女子俯身系鞋带一样的美丽。我还见她在清扫那些垃圾时，细致地将所有大大小小的垃圾全部清理干净，面对那些垃圾她从来没有表现出厌恶，有时候她会戴口罩，口罩也总是洁白如新，重要的是她眼中流露出来的自信和谦和，让人感觉走近她就如同欣赏一场高雅的音乐会一样，也跟着不一样起来。

一直到我离开，都不知道她的名字，只知道她正值青春年华。我只隐约听说，她原来是省城一家宾馆的服务生，后来因为老父亲病重无人照料，便回老家照顾病人，同时兼做了一名清洁工。

难以想象，那些她所接待的顾客该是何等的荣幸和享受，如果我是那家宾馆的客人，仅仅为着他们有这样一位优雅的服务生就得多多光顾。到现在我仍然认为，那时候虽然只是两三天见她一次，但已是三生有幸。虽然她没有华丽的外表，没有高贵的礼服，甚至也可能没有出众的才华，但她的优雅不仅帮我带走了垃圾，更净化了我的内心。

所以我时常都在想，女人可以没有美丽的容颜和窈窕的身材，但一定要有优雅的气质。你不是一直都很喜欢小猫吗？可是你有没有想过自己究竟为什么喜欢猫呢？是不是因为它比其他的动物显得优雅呢？我想肯定是的，它总是那么高傲、轻柔、安静、沉稳，一跳一跃都显得婀娜多姿，转身回头都显得高贵不凡。所以，猫成了很多人最爱的宠物，也成了很多人心中的灵兽。

猫的优雅与生俱来，从猫咪出生开始，它的骨子里就有了优雅的蕴味。但是，人不一样，优雅不会与生俱来。正如一句名言所说："一夜之间可以出一个暴发户，但三代也不一定能培养出一位绅士。"的确，绅士不是一夜之间造就的，就如同你老爸我，年仅半百还没能成为真正的绅士（有时候还是忍不住发火，或忘了女士优先）。同样，女人的优雅也是着急不得的事，虽然优雅起来并不容易，但爸爸还是想让你拥有优雅的气质，因为它是一种恒久的时尚，是一种

文化和素养的积累，也是修养和知识的沉淀。那样的你，才会真的让男生赏心悦目、流连忘返。

为此，你首先得学会自信。在你这样的年纪，一切都刚刚开始，包括若干的挫折和失败，不要为此而丧失自信。你要永远记得，一个女孩若是没有了自信就如同一个泄了气的皮球，实在谈不上优雅，更不会迷人。西班牙作家塞万提斯曾说过这样一句话——丧失财富的人损失很大，而丧失信心的人就一无所有了。所以，孩子，不管你身上有多少缺点，不管你长了多少青春痘，也不管你现在陷入怎样的困境，都请保持一份自信。只有有了自信，你才距离优雅更近了一步。

当然，一个女生的自信，不仅来源于自己的外表，更重要的是来自于自己的内心。所以，你还得增加自己的知识，将优雅之根深扎在文化的沃土之中，这样它才能枝繁叶茂。因为优雅的女人，必定是智慧的。而智慧则必定需要知识的灌溉，你可以多读书、好好上课，或者多参加一些实践活动，其实知识无处不在，你只需做个有心人。当你的头脑中充满了知识，整个人的谈吐都会变得不一样，你说话、做事的方式都会与他人有很大的区别，举手投足、一颦一笑都让人感觉如沐春风，就连穿衣戴帽也会显得更有品位，而不是像一些现在的中学生一样满嘴脏话、或是把头发染得五颜六色，或总是穿着那些暴露的衣服等。

我很庆幸，你一直对那些"花瓶"人物没有过多崇拜，甚至还说过"要有内涵"的话。你知道，这句话让我高兴了半个晚上，因为这至少说明你不是那种肤浅的、只知道涂脂抹粉不知道提高修养的女生。你的感觉没错，优雅的女生绝对不是花瓶。不过，我想告诉你的是，丫头，你千万别为此走偏激了，优雅的女人虽然不是花瓶，但一样需要美丽。比如，得体的着装、清爽的妆容、干净的指甲等等，只有内涵与外表相得益彰，才算得上是真正的优雅，你说对吗，丫头？

我很想用一个词来形容优雅，想来想去我觉得"抗争"最适合，一来在你们的心底原本就蕴藏着无数对世界和大人的抗争，二来优雅也在以自己的方式暗暗与世俗抗争，抗争着不做低俗的人。这完全符合你的性格，我最亲爱的女儿，所以爸爸相信，今天你是一个优雅的女孩，来日你必将成为一个优雅的女人。

听爸爸的话：

在美丽、漂亮、高贵、优雅、温柔、贤淑等所有形容女子美好的词语中，只有优雅最富于内涵，最能保持长久，也最能让男生心动。

第四章　气质，开启男生心灵的第一把钥匙

修炼你的女人味儿

是上个月，还是上上个月我记不清了，这倒没有关系，我想说的是你有一个远房的姑妈来我们家做客。其实，这位姑妈与我们并不亲近，就连逢年过节也不是每次都走动。所以，与其说她是来做客，倒不如说她是找个住的地方——因为她的目的是来北京旅游散心，而且是一个人。

因为是一个人来，我们总不免要问，你姑夫为什么没有来。这就牵扯出了她的一肚子委屈，那一晚，你妈几乎陪了她一晚上没有睡觉。虽然如此，但看在她的遭遇上，也是应当的。

这位姑妈是在前一个月离婚的，也就是说是你的姑夫背叛了她。听到这个消息，我和妈妈都很震惊，因为据我们了解前姑夫是个很善良的男人，绝不是那种朝三暮四的多情种，而姑妈是个知性的中年妇女，如同所有的传统女人一样，贤惠善良，相夫教子，唯一美中不足的就是性格略微有些火爆。按说，两人应该不至于走到离婚这一步。但我们都是局外人，所以根本不会想到，偏偏就是姑妈这一点火爆成了她的致命缺点。她向我们哭诉说：

一天，她在街上发现丈夫（也就是你的前姑夫）与一位年轻女子亲密相拥。她简直不敢相信自己的眼睛。这个与自己生活了十几年，甚至有点"窝囊"的丈夫竟然敢冒着"妻离子散"、"前程毁灭"的危险另觅新欢。

于是，她当场大吵大闹，把那个"小三儿"和你前姑夫一通臭骂。原以为她原谅了丈夫，日子依旧如前。但让她没想到的是，前姑夫晚上回家竟一脸漠然地对她宣布"离婚"。

"为什么？我每天辛辛苦苦带孩子做饭收拾屋里屋外，我犯了什么错？我有什么对不起你的？"她用颤抖的声音质问前姑夫。

据姑妈说姑夫也很愧疚，对她说："你做得都很好，是个好妻子，也是一个好母亲。"

"那你为什么要离婚？就因为她年轻漂亮吗？是她勾引你的吗？"她以为一切都是那个"狐狸精"的错。然而姑夫摇了摇头，没有说出原因，但从自己的抽屉里拿出一个信封，交给了姑妈（没想到她竟然将它带在了身上，她说自己要反省一下，以此为戒）：

我真的不知道该如何向你说明我的心理，回想当年，我们仅仅谈了不足三个月就草草走入婚姻的殿堂或许的确是个错误。当然，那个时候，像我们这样相识便很快结婚的人也有很多。但是我们竟然是脾气不和的那一对，这让我感到很遗憾。

婚后的十几年里，你的勤劳、善良我都看在眼里，也时常为此感到骄傲和感激。但是，你知道吗？我多么渴望有一天你能小鸟依人般地靠在我的怀里，我曾有很多次试着做出这个动作，但都被你硬生生地推开了，你说"好就好，干嘛非得黏黏糊糊的"；我也希望偶尔听到你温柔地喊我"老公，吃饭了"，但你总是说"还不洗手去，饭到了嘴边还得伺候啊，你真当你是大爷啊"；还有一次，我生病发烧，多希望你能温柔地给我一点安慰的话，可是你却说"死不了吧，柜子里有药，自己吃点，我去买菜了。"

当然，这些并不能说明你对我不好，说实话这些年你为这个家操劳了多少我都是看得见的。但是秀慧（姑妈的名字，看名字倒是挺女人的），婚姻生活并不是一条流水线，只要各个环节都各自运转就算完事。婚姻需要两个人心灵的交融，需要更多的精神上的抚慰。这便需要女人像个女人，男人像个男人。物种的起源与生物的进化决定了人类有两性：男人要勇猛、要强悍，要有男人味；女人要温柔、要性感，要有女人味。倘若男人不像男人，女人不像女人，不仅违背了自然规律，也会使整个世界失去平衡与和谐的美感。

我想说的是，婚姻生活也是一样。
……

姑妈与姑夫离婚的真正原因与第三者无关，只是因为姑妈不像个女人。这样的理由听起来似乎有点不近人情，但作为男人我却十分的理解。我想，你的这位前姑夫并非是背信弃义、轻狂薄情之徒，他只是如同一个爱吃甜味的人偏偏掉进了酸菜缸里，那种煎熬可想而知。所以，即便他没有爱上这个"小三儿"，也早晚会遇见另外的女人。

女人味不是与生俱来的本能，它需要你后天的修炼，才能够让自己的女人味丰盈四溢，为此，爸爸想提醒你学会下面的几件事：

一是温柔。别说自己还小，还不懂这些，温柔与年龄无关，它是一种教养，无法速成，所以你下要重视温柔，从语言到仪态，从服饰到性情，处处都要流露温柔的气息，大度、仁厚、悲悯。

二是宽容。一个女生，若是有修养、有气质就绝对不会对什么事都看不顺眼，更不会在他人背后说三道四。那些爱发牢骚、爱抱怨的女生多是没有良好的心态，所以把不快都化成了抱怨和牢骚，惹得周围的人很反感。爸爸真心希望你不要走进她们的行列。

三是欣赏。永远记得那句古话，叫做"天外有天，人外有人"，不要看到别人比自己强就不开心，这种心理并不健康。事实上，如果你真的学会了尊重别人、欣赏别人，尤其是那些比你强的人，你的生活里便没有嫉妒和仇恨，你才能温柔起来。

四是文气。这仍然需要你多读书、多学习，所谓"腹有诗书气自华"，由内而外散发出文化气质的女人，她的温柔才是真正有内涵的温柔，而不是狐媚或娇柔。

五是善良。善良是一种良心的选择，有了它女人才有了一颗柔软的心，你才能整个人都如同发射光芒的灯塔，让黑夜中寻找方向的所有人都见到你的温柔。

总之，女人味并没有多难，它不过是女人所独有的一种韵味，或许是一杯红酒下肚后两颊泛起的红晕，或许是在厨房里煎炒烹炸时回头的一丝浅笑,也或许是把孩子搂在怀里那一瞬所散发的母性光辉,又或许只是眼神中的一点关怀……仅此而已。

听爸爸的话:

上帝让你做女人,你就好好地做个女人。把女人做到极致,即便你没有花容月貌,窈窕身材,但只要你有了女人味,这就是你最大的魅力。

你的教养，决定了你能否开启男生的心灵

前些天，我所在的部门出奇地忙碌，好像所有的任务都挤到了一起，正当大家都在手忙脚乱的时候，一个同事却一定要请假休息，问及缘由，这位同事无奈中透着伤感，默然说道："我离婚了，心情很低落，恐怕在这儿也是魂不守舍……"这样的理由，我没法不同意。但是，我却陷入了更深的思考，因为我还记得两年前喝他们结婚喜酒时的情景，两人是多么的甜蜜，那场景甚至让我产生了一种冲动，一定要给自己和妈妈也补办一场像样的婚礼。

但是让我没有想到的是，到今天，才不过短短两年的时间，一场轰轰烈烈的甜蜜的婚姻竟然以离婚而收场。两周后，同事回到单位，我还是忍不住假关心之名探听了一下离婚内幕。让我吃惊的是，他说自己的妻子太没有教养了。大约有一个小时的时间，这位同事一直在历数妻子的种种缺乏教养的行为：她会在大庭广众之下扇老公几个耳光，会在别人的婚礼上喝得酩酊大醉，会在石头撞了脚趾时破口大骂，会在一桌人吃饭时对着盘子打喷嚏，会把他年少时的日记撕得粉碎，会把婆婆做的饭菜当场倒进马桶……

凡此种种，不胜枚举。当然，婚姻的好与坏都不是一个人促成的，这位同事想必也有自己的不周，但最终是他无法忍受妻子的"教养"而决定撒手这一段爱情。

这让我不由得想到了自己，想到了妈妈。和妈妈结婚已有近二十年了，妈妈早已经从当年的少女成了中年妇女，甚至已经蒙上了更年期的种种症状，但我从来没有动过离婚的念头，甚至都没有觉得其他女人有什么好处。这当然不是因为妈妈的美貌和身段，这你应该知道，客观地说妈妈的确算不上漂亮那一拨的。但这么多年以来，妈妈让我感到无比的舒适，我想这大概就是得益于妈妈良好的教养。当初，我不过是个失业的青年，而妈妈大学毕业在国企有着稳定的工作，那个时候我找工作困难得要命，妈妈从来没有催促过我，甚至她都注意不在我面前提起她那些有能耐的同学；人前人后，妈妈总是给我足够的尊重，甚至当年我要辞掉工作，她都只是说"那是你的人生历程，我不会干涉，但不管你做什么，我会尽我的能力支持你"，你知道这话对我来说有多感动？若是有旁人在场，即便我犯了错误，妈妈也只是淡淡的一笑，从不纠正，只待众人散去再平和地告诉我；每次坐公交或地铁，她都会主动让座，也从不争抢座位，她的举止总是温文尔雅；奶奶的脾气不好，有时甚至有些挑剔，对此妈妈一笑置之，只当奶奶是个"老顽童"，你知道我有多感激！

凡此种种，也是不胜枚举。虽然爸爸也竭尽所能地要做个好男人，但我想最终的功劳还是妈妈的。也或者是姥爷的。为什么这么说呢？因为姥爷是个"牛人"，姥爷去世之前曾在我们家里住过一段时间，我从他的身上看到了妈妈良好教养的根源。你知道爸爸对女儿的疼爱有多深吗？尤其是对长大后的女儿，那种爱护更胜过女儿在襁褓之中。但是姥爷从来没有对我提出要求，我倒总是听到他对妈妈说："人的一生就是一堂大课，要学着体谅别人、尊重别人、善待别人，当然你也要懂得尊重自己、善待自己。"我还听见他说："女人，就得像个女人，别让自己变成泼妇，那不是个好听的称呼。"

姥爷有这么高的觉悟并不稀奇，因为他曾是中学的老师，在他们那个年代，身为知识分子，他经历了很多事，因此他对人生的领悟要比一般人来得深刻；所以，她的女儿，你的妈妈，这个相貌平平的女子才让我这么多年以来一直视若珍宝。只可惜，姥爷后来患了肺癌，在他临走的时候我竟然没能看上他一眼，这让我至今都感到遗憾和愧疚。

我想，姥爷之所以想尽办法让妈妈成为一个有教养的女人，不

外乎是想让她得到男人的宠爱，且一生不变。其实，何尝是姥爷有这样的愿望，大概天底下的父亲都希望如此吧。我无法揣测别人，但我知道我自己是这样的，我希望我的女儿靠自己的教养而不是美貌来打开男人的心扉，因为只有前者才是永不生锈的钥匙。

在古代，若形容一个男子有教养常用"谦谦君子，温润如玉"，若夸一个女人有教养则常用"知书达理，温柔贤惠"。若说一个男子没有教养，那么"混蛋"、"畜生"等都可以"送给"这人，而说一个女子没有教养，那么最贴切的大概就是"母夜叉"了。你瞧，一个是那样的文雅，一个竟是那样的不堪，这两者差别多大？

女人常常更看重自己的容貌，但在男人眼里，女人的容貌却未必是最重要的。靓丽的容颜或许可以打动男人一时，但却无法钩住男人一世。在多数男人看来，一个女人是可以不漂亮、不美丽，甚至也可以是没有多少气质的，但是万万不能是没有教养的。女人若没有教养，就会让男人如坐针毡，迟早会因无法忍受而离去。

什么是教养呢？"教养"一词早在《三字经》中就提到了，是指人从小就应该习得的规矩，是待人接物处事时的敬重态度，其中还特别指出，"养不教，父之过"。所以，我一定要让你成为一个有教养的孩子。其实，教养是一种潜在的品质，它不会多么直接地吸引人的眼光，但对凡尘中的男子来说，生活的确需要一个有教养的女子，无论爱情还是婚姻。

但究竟怎样才能做到有教养，我也没有确确实实的理论提供给你，大概姥爷说给妈妈的话就很合适，"体谅别人、尊重别人、善待别人，当然你也要懂得尊重自己、善待自己。"并且，"不要让自己成为一个泼妇"，也许这简单的两句话是对女子有教养的最好诠释了。

 听爸爸的话：

男生总是会尊敬那些有教养的女生，试图与她们接近，保持亲密，并以此为荣。如果可能，他们还愿意娶她回家，共度一生。所以，一定要做个有教养的女孩子。

第五章
挫折，是成长路上必须翻过的山

　　还没有完全长大的你需要面对太多的事情：你用了一个下午挑选的衣服却被人笑话成没人要的破烂儿；一直和你约会的男孩竟然说他并不喜欢你；你的考试成绩突然之间掉到了全班的最后……但是，不要烦恼，因为挫折是你成长路上必须要翻过的山。

直面困难,这是不可避免的

我还在刚刚参加工作后不久,单位组织所有的人去旅游,目的地是一个山青水秀的景区。单位里男男女女总共不下二百来人浩浩荡荡开进景区,欢天喜地开始了为期三天的度假生活。

实话说,那次去的景区着实不错,青山绿水,微风徐徐,泛舟湖上,真的感觉很惬意。不过给我留下感慨的倒是和我在一个办公室的一位女孩子,不是因为她漂亮或是别的什么,而是因为她走吊桥时的表现。

当时,景区里的一大亮点就是吊桥,那里有不下十几座吊桥,有的宽、有的窄、有的高、有的矮。一群年轻人便一拥而上,在吊桥上晃来晃去,听女生们尖叫,乐此不疲。但不巧的是,就在出发的前一天,我在削铅笔时把手弄了一个大口子,很疼,所以没有上吊桥,害怕不能很好地抓住吊桥两侧的扶绳而摔倒,于是坐在一边看大戏。只待大家对这座桥兴致降低,走向另一处时我再跟上队伍。

其实,对我来说,看也是一种乐趣。我还记得当时有一个特别强壮的男同事专门负责使劲晃动吊桥,让走在上面的女同事们吓得哭爹喊娘,而他在一边大力地摇晃,一边乐得忘乎所以。而吊桥上的女同事们,虽然吓得哇哇乱叫,东倒西歪,桥下的水偶尔还会渗过木桥弄得鞋袜全是,但她们的脸上还是洋溢着笑容。

一座吊桥玩腻,大家便哄嚷着奔向另一座吊桥。但这座吊桥明显比上一座高出了很多,前面一座吊桥几乎是擦着那条小溪,但是这座吊桥离水面却足足有20米。看起来那感觉很是刺激,要不是我

手上的伤口还在疼痛，我肯定要上去走一走。可惜，对疼痛的畏惧还是让我坐在了桥边，准备做一个看客。不想猛一回头，发现身旁竟然有位女同事眼巴巴地瞅着吊桥站在我身旁。

我忍不住问："怎么不上去啊？"

"太高了，不敢去。"

"这有什么呀，这座桥和刚才那一座宽度是一样的，安全设备也一样，怎么就不敢去了？"

"你没看这得有十几米高嘛，我可不敢去。"

……

我暗笑，这道理实在是大大的不通。一架吊桥，若是架在平静的小溪上，每个人就都能走过去，若是架在沟谷之间，虽然吊桥还是吊桥，但却成了不可逾越的障碍，一些人便望而却步。那时候我的脑袋里灵光一闪：困难不也是这样吗？它不过稍微改动了一下你所处的环境，只要你别在意桥下的事物，直面这座吊桥，你就能很快走过去。那些不敢走上桥的女同事，未必没有走过去的能力，只不过她们所看到的早已不单单是这座吊桥，而是那高高的距离和桥下汹涌的水声，而这些都与吊桥无关，不过是自己给自己添加的负担罢了。

当然，这件事说起来容易做起来难。我现在已经是一个四十多岁的男人了，但也不是每件事情都能做得像说的那样好。上个月，单位组织去爬山，我欣然前往，心想着这些年一是忙于工作，一是由于自己的懒散，很少锻炼身体，所以这样的好机会自然不能放过。然而，当我听说目的地是北京的灵山时又有些胆怯，因为灵山是北京最高的山，海拔有两千多米，据说很多人都半途而废。而像我这样常年都很少锻炼、而且又已经即将步入老年的人来说，无疑是巨大的挑战。

但不管怎样我还是跟着队伍出发了，在最初所爬的两三百米内，我还能跟得上队伍。但越是往上走，就越感觉两腿发木，呼吸急促。虽然是秋季，但我还是汗流浃背了。于是，我坐下来休息，旁边一对情侣的对话吸引了我的注意。

男的说："走吧，亲爱的。"

"我走不动了，回去吧。"女的说。

"坚持一下嘛，我拉着你。"

"不，干吗自己找罪受。"

"这是锻炼身体的好方法，多难得呀。"男的继续劝说。但女的就是不同意，坚定地说："锻炼身体什么时候不行啊，非在今天？再说了，累成这样对身体根本就没有好处。"男的拗不过，只好随着女友下山了。

不知怎么回事，我竟也觉得那女的说得有道理，想着这么高的山得把自己累成什么样啊，万一累出病来这不自己找麻烦吗？于是我也跟着他们下山了。

回去的路上，人们都在谈论着沿途的风景，说山的前半段时我自然也能附和几句，但说到后面，我却只有听的份儿了。有人说在山顶时恍若置身于云雾之中，有人说看到了成群的牦牛，还有高山草甸何等壮观……

没想到我的一个退缩竟然错过了这么多美景，就算下一次我敢于直面这座高山以及自己的胆怯，但这一次的美景我已经错过了。

所以，我最想告诉你的是：困难这东西就像路上的石头一样，或是这里、或是那里，但总是会存在的。你要做的是，直面它，不要怕这怕那，这样你处理起来就会有更多的勇气和力量。

其实，人生不过就是一场接一场的挑战，有时候是个小小的挑战，你轻而易举地胜利了；有时候是个大大的挑战，非得你全力以赴才能取胜，也或者你拼尽全力最后还是失败。但这都没有关系，因为那是你生命的一部分。就好像《西游记》一样，师徒四人一路西行，艰难坎坷、妖魔鬼怪一路相伴，若是唐僧不敢直面，岂不是连大唐的土地也走不出？

话说到这里，我想聪明的你肯定知道爸爸想要对你说什么了吧。是啊，虽然你已经渐渐长大了，也经历了一些坎坷，但我还是想要再一次叮嘱你（大概每一位父亲也都和我一样，总是想要无数次对女儿说呀说）：人的一生，无论是谁都没有直达目的地的坦途，困难

会像影子一样伴随着你。关键是，你要能够直面困难，并勇敢地战胜它。

 听爸爸的话：

女儿家可以生得柔弱，但骨子里却一定要坚强。当你面对困难，先告诉自己，这一关我必须得过，也一定能过。

挫折并不可怕，关键看你能否站起来

1992年9月5日，是个令我伤心欲绝的日子。那天，我正在山东出差，晚上吃完饭闲来无事便给家里打个电话，接电话的是奶奶，我只刚刚叫了一声"妈"，奶奶便慌张地问道："你怎么知道了？都说不告诉你的。"这一句话问得我一下傻了，我知道一定是家里出了什么事情，我没有回答奶奶，只是问："我爸呢？"奶奶说："去你姑姑家了，他担心你姑姑会受不了。"这时我才问："到底怎么了，妈？"奶奶知道自己说漏了嘴，但不告诉我肯定是不行了。于是奶奶告诉我说："是你表妹，昨天被车撞了。""撞了？怎么样了？""已经不行了。"

你知道这话对我来说意味着什么？你知道你那个死去的你都未曾谋面的姑姑对我有多重要？我只比她大几个月，青梅竹马的我们从小一直玩到大，后来上学，虽然不在一个学校，但寒暑假短暂的相聚都让我们感到无比的满足，她天真起来是那么的可爱，娴静起来又是那么的恬淡。如同你现在年龄的我，正是青春期少男自我膨胀的爆发期，我每天高谈阔论那些不着边际的鬼话，但她从来没有厌倦，只是坐在我身边静静地听着、笑着……那时的我多么沉醉。

可是，我们都知道，一切都是不可能挽回的。每当听到大人们有意无意说起我将来娶媳妇，或是她将来找婆家，那种锥心的疼痛总是久久不能离去。好在，我们都大了，慢慢接受了现实，不再奢求共同的未来，只想彼此挂念着就好。现在，竟然要阴阳两界，就连彼此挂念的机会都不复再有，我怎么能不伤心？我记得当时听到

奶奶的话，我一下子就瘫坐在地上，好长时间我的脑袋一片空白，只听见自己心碎的声音。

当然，最后我还是挣扎着起来，因为无论如何我要见她最后一面。于是，我连夜返回。见到她时，她就那样静静地躺在太平间里，左侧太阳穴有些凹，大概这是致命伤吧。

原本奶奶是嘱咐我要好好劝劝我的姑姑和姑父，但是我已经自顾不暇。倒是和表妹一同工作的同事承担了这个角色。而且，他的话让我觉得简直就是真理，且至今记忆犹新并时常说与自己来听。

当时，我的姑姑哭得肝肠寸断，不停地说着："我怎么这么命苦啊，竟然摊上这样的事儿啊。"我虽然坐在姑姑的身边，但和她有同样的感受，我也在心里怨恨老天爷，为什么要让我的表妹遭此横祸，为什么我们连彼此牵挂的机会都要生生地给灭掉。所以，我不知道从何劝起，我只是一起陪着姑姑和姑父万箭穿心。这时，她的那位同事过来，拉住姑姑的手说："阿姨，您别这样说，其实，人这一辈子啊不就是在'过事儿'吗？大大小小，有的好，有的坏，一件一件都会过去的，您还得往后看不是？萍（我表妹的名字）虽然去了，但是您还有两个孩子，您还得多想想他们不是？"

……

之后的话我几乎都没有听进去，就只这一句"人这一辈子啊不就是在'过事儿'吗？大大小小，有的好，有的坏，一件一件都会过去的"一直在我的脑海回荡着，直到现在我都觉得那个人说得实在是有理。

仔细想来，人的一生可不就是在经历一件又一件的事情吗，你愿意的、不愿意的，高兴的、不高兴地，欢喜的、悲伤的……一桩桩、一件件就这么慢慢过去了，对你的触动大了，这事过去得慢一些，对你的触动小了，转眼就忘了。

而所谓的挫折也不过是我们人生路上需要经历的一些事情而已，就如同摔跟头一样。若只是绊了个趔趄，你对着那块石头嘟囔两句，两秒钟之内直起身也就走了；若是把你绊倒了，膝盖还被磕破了，可能需要一两分钟站起来再继续走；若是不幸，把腿摔折了，那么可能要住院两个月之后才能走。但不管怎样，我们都不会坐在原地一动不动。所以，不管摔了多大的跟头，你得相信，最后的结局一定是得站起来继续走。既然这样，摔跟头或者说遇到点挫折有什么可怕呢？

就像我的姑姑和姑父，他们当时固然是撕心裂肺的，但不管怎样还要"往前看"不是？现在他们的两个女儿都已经成家立业，各自有了幸福的家庭，两位老人帮忙带着孩子也不亦乐乎；而我呢？几年之后遇到了妈妈，结了婚，又有了你，我们也是幸福地生活着。虽然偶尔爸爸还是会想起她，但过去的一切已经不属于今天的生活，站起来继续走才是最好的选择。

当然，你现在还小（至少在我的心里，你依然是个孩子），经历的事情并不多，面对突如其来的挫折，或是考试的失败、或是爱情的背叛，也或者是亲人的离去，无论大事或是小事都可能把你吓一大跳，甚至把你吓得晕过去，但关键是当你醒来后，要能够站起来继续走。因为人生就是在"过事儿"，不管多么的不如意，总会过去的，只要别躺在原地，挫折就没有那么可怕。当你重整精神，站起来向前跨出一步之后，你就会发现，原本你以为是天塌下来那么大的事其实并没有那么大，也许你淡忘它需要一点时间，但最终的结果是你又找到了新的生活和快乐。

所以，啰嗦了半天就是要你知道，挫折并不可怕，只要你能站起来人生就没有过不去的坎儿。

听爸爸的话：

女孩子不仅身形要如杨柳枝一般柔韧，心性也是一样的。不要因为幸福而故步自封，也不要因为厄运而一蹶不振。

学会自控，不管对酒精还是毒品

真是想不到，掉下巴这种事居然会发生在我的身上。那天，就是太困了，打了一个大一点的哈欠，结果没想到，下巴就掉了。来到医院，医生说这个好弄，只要用劲儿"啪"的一下就能推回原位。我当时的窘态迫使我迫不及待地让医生赶快实施，他让我尽量放松，还安慰我说："掉下巴其实很常见，学名叫下巴脱臼，通常都是这样治疗，但是会很疼，不过没有关系，我们会给你注射一点药物，能够让你既不感到疼痛又能保持清醒……"

医生说得没错，他们给我注射了药物，我不知道是不是因为那位实习医生打的麻药有点多，反正没多会儿我就迷迷糊糊的了，根本不记得自己的下巴是怎么被推回去的，所以根本也没感觉到疼痛。但这并没有让我感到好受，相反，在随后的几天里，心里总是惴惴不安。原因是当我醒来时，那些护士和医生都在冲着我笑，而且我敢肯定，绝对不是医生对患者的爱护式的微笑，而是显得十分诡异。后来，我又返回医院检查病情时，他们更是相互推搡着、暗示着、讪笑着。我猛然警醒，一定是我被注射了药物之后，迷迷糊糊地做过什么尴尬的事或是说过什么可笑的话，但是现在我一丁点儿也想不起来。我只能暗下决心：以后再不来这家医院了。

我当时真是恨透了那麻醉药，要知道它会让我失去理智做出傻事，还不如让我忍受疼痛保持清醒呢。这又让我想到了酒精，想到了"借酒消愁"这个词。你也没少看到一些影视剧里那些因为喝醉酒而出乱子的镜头吧，比如：他们会继续开车并可能发生危险，或者失去理智做了不该做的事情，或者做出一些滑稽的举动成为笑柄。其实，这些生活中也是随处可见。比如我——你的爸爸就曾经出过这样的丑。

那还是上初三的时候，我们正处在青春期，正是男孩子向全世界显示自己雄性激素增多的好时候。有一次，同桌在上课时搞恶作剧突然用铅笔戳我的左肋，你知道这个地方是人体最为敏感的地方之一，我"嗷"的一声叫了出来，全班哗然，老师不听我的解释，硬说是我在搞恶作剧，并当着全班同学的面对我大加斥责。

中午放学的路上，我见到路边的小草都要狠狠地踏上几脚，我实在太憋屈了。回到家里，满腹的愤懑还是无处释放，正好看见爷爷的"二锅头"，于是，在临上学前偷偷地灌了几大口。一路上，我都感觉自己雄赳赳气昂昂，一副不可一世的样子。可是，没想到这感觉并没有持续多久，就在我即将跨进学校大门的时候竟然不胜酒力，歪歪扭扭冲向了一辆摩托车并被撞倒，所幸只是擦破了皮。同学和老师赶紧过来，却发现我满身酒气，据说当时我全然不顾被撞的疼痛，还手舞足蹈地骂老师是"糊涂蛋"，说自己是"孙大圣"谁也不怕，老师和同学们怎么拉都拉不住，我非要他们拿个足球来射门，让他们看看我有多厉害……

后来当我听同学们这样笑我的时候，我简直不敢想象当时的场景，若我当时是清醒的，一定得想要找个地缝钻进去了事。所以，你看，"借酒消愁"的确不是什么明智之举，愁没消反倒给他人徒增了笑料。除此，我也很后怕，若是摩托没能及时刹车，或许我连命都没有了。无论现在还是过去，因为喝酒而丧命的人简直数不胜数。

当然，喝酒绝不只是因为难过或忧愁，人们在高兴的时候也一样会喝酒，三五好友小聚，或是重大事情大摆宴席，都少不了酒来助兴。但我觉得在你这个年龄，还是不要沾染酒这东西。你肯定又要怪我多事，并且可能在心底里说：你不是也喝过酒吗？不是也没出什么大事吗？既然如此，为什么要限制我呢？更何况我现在已经长大了，我已经有了足够的判断力，能够自己把握分寸。

没错，孩子，在一定程度上，你的确已经掌握了不少与陌生人

讲话的原则和方法，并且为了下一次考试你也无须我一再叮嘱，就知道按时就寝并好好复习。但即便如此，你仍然不能因为我犯过错误就允许自己犯错误。因为如果你体内有了足够的酒精的话，你就会失去判断力，你若为此而做了一些滑稽的举动，我并不担心，也不会因此而感到羞愧。我所担心的是你不一定就像我那么幸运，仅仅是出点丑就算了。我们不希望你横遭厄运，成为悲剧故事的人物，你能够了解我们的担心吗？

当然，还有比酒精更可怕的东西，那就是毒品。提到这个令人恐惧的东西，我想说的第一句就是：如果有人让你吸食毒品，你什么都不要考虑，马上跑！越快越好！越远越好！

毒品（比如大麻或可卡因等）和酒精一样，虽然能够给你带来兴奋，但同时它最重要的作用是削弱你的理智，它能够让你迅速丧失判断力。可以这么说吧，如果把酒精换成毒品，那么所带来的一切悲剧性的结局，其严重程度都至少要增加十倍甚至上百倍！首先你可能因此而上瘾，你知道一个瘾君子是毫无理智可言的，他们可以为了得到毒品而成为盗窃犯、抢劫犯、杀人犯，哪怕是最亲的人他们也一样可以伤害；另一方面他们的身体也会很快垮掉，试想一下：如果你这么一个漂亮的女孩子变成那面黄肌瘦、两眼凹陷、头如骷髅的魔鬼该是多么可怕，是不是有些不寒而栗呢。除了上瘾，毒品一样可以让你失去判断力，你会因此而做出种种愚蠢的行为，你可能不仅仅成为别人的笑柄，而是倒在车流之中……

幸运的是我的身边并没有吸毒的例子，但这也正是我担心的，因为无法让你切身感受和看到，所以担心你对此提不起注意。但是怎么办呢？我还是宁愿那血淋淋的教训不要出现在我的身边任何人的身上，当然更包括你。

无论如何，你都要学会控制自己，尤其是面对酒精和毒品。在今后我肯定还会无数遍地向你发出这样的警告，尽管我知道你是个聪明的孩子，在人生的道路中，你已经学会了很多经验，知道如何保护自己。我也很清楚，人生需要尝试和碰壁，才能学到更多的东西，才能够不断地进步。比如，你要学做饭，那么就免不掉被蒸汽熏到手，或者切菜时切到手指，或者把厨房搞得乱七八糟，但没有关系，这一切很快就可以恢复成原来的样子。但是，酗酒和吸毒却不一样，它会让你精神失常，你的人生，可能会因此而失去原来的样子，一切美好都可能不复存在。

所以，一想到你可能会控制不住自己而酗酒或是吸毒，我就紧张得不得了，因为在这种情况下，我的孩子距离错误和不幸，可能只有一步之遥。

听爸爸的话：

你正值花季，面对陌生的东西，总是想去探索、研究和尝试。这不是坏事，但酒精和毒品是个例外，切记除了"远离"不要对它们动丝毫的念头。

警惕，陌生人也会没理由地伤害你

我同事的女儿诗诗患有白癜风。你知道什么是白癜风吗？它是一种皮肤病，皮肤上呈现大小不等的白斑，它会出现在面部乃至身体的各个部位。这种病主要是由后天色素代谢失调引起的，所以，诗诗的膝盖、胳膊肘上，和身体其他部分有一点点不同。尤其是在夏季，当她每天八小时都穿着泳装时，这些患有白癜风的部位，就显得格外醒目。

去年夏天的一天，她突然哭着从夏令营营地跑回家。大人们使尽浑身解数，才让她说出了真相：营地有一个男孩，拿她的皮肤取笑。说取笑不大准确，实际上，那个家伙是在诅咒她，折磨她。他说诗诗是个妖怪，还说她长得太丑陋。他当着其他孩子的面说这些话，可想而知，这对诗诗的伤害该有多深啊！

作为家长，听了这样的话，还不气得发疯？诗诗的妈妈真的要气疯了，她马上开车到了夏令营营地，把那个男孩说的话，对营地管理员重复了一遍。她要求他必须想办法，保护诗诗，不要再让她遭受这种残忍的打击。

诗诗的爸爸听说了这件事，表现出了一个男人的作风。他最初的反应是：找到那个男孩，打得他屁滚尿流。他向我讲述了事情的经过，我表示要和他一起去。我们可以挥拳踢腿，轮流痛打那个孩子。我们就这样策划了一大通，讨论如何教训那个可恶的家伙，还要采用种种邪恶的惩罚手段，因为他无法无天，胆敢欺负那么可爱、善良的女孩（男人大都喜欢充满暴力的报复手段，越凶狠、越可怕越好。你可以想象，我们该看过多少克林特·伊斯特伍德、范·迪塞尔主演的暴力影片啊）。

当然，我们没有真的赶到营地，狠狠地惩罚那个孩子。不仅因为那样做是错误的，还因为我们没必要去了——营地已经把那个孩子赶了出去。原来那天下午，诗诗并不是他惟一的嘲笑对象。所以，管理员告诉营地的负责人：那个孩子必须离开！

在某种意义上，这个问题解决了，那个孩子离开了。而从另一方面说，问题并没有解决。现在的诗诗，突然对长期患有的白癜风倍加关注，极其敏感。你知道，只有那些欺软怕硬的人，才会故意攻击你，让你觉得自己一无是处。他们在你的心灵里栽种下"自轻自贱"的种子，让你对自身产生深刻的怀疑，就像诗诗那样。她永远无法理解：一个她以前从未见过的男孩，为什么凭空对她说出那些可怕的话来？她也担心别人私下里，也抱有同样的想法。

那天夜里，我回家以后，看着我的女儿，思考着要是她和诗诗一样，也遭到某个人的人身攻击，我应该对她说些什么，才能给她带来安慰。我很快有了主意，立刻写了一封电子邮件，把它寄给诗诗。下面就是邮件的部分内容：

亲爱的诗诗：

我小时候，经常被别人欺负，一直到初中，这种情形始终没有终止，因为我大概是学校里最瘦弱的孩子。我永远都不会忘记一件事：我十四岁的时候，参加了一次保龄球巡回比赛。来自另一个保龄球俱乐部的那个漂亮女孩，歇斯底里地叫我"瘦猴"——这是她的搭档们给我起的绰号。她老是这样叫我。毫无疑问，我的比赛质量受到了影响，我的心灵受到了震动。我当然瘦弱，可我对此无能为力呀！我想做那种潇洒、好看、人人喜欢的男孩；我总是认真地倾听，我关心别人的想法和感受，我想多做些好事……可是，我还是遭到别人的侮辱和戏弄，仅仅因为我的体重远远不够！

那个女孩不知道，什么是我最敏感的事情，就像营地那个讨厌的家伙，根本不了解别人的苦衷。那个女孩真的认为，她有必要让

我无地自容吗？她为什么要这样做呢？为什么总有些人要对你那样残忍呢？你可从没做过任何对不起他们的事。为什么营地那个讨厌的孩子，偏要取笑你有白癜风呢？而且，你的病对他没有任何影响，患有白癜风，是你无法控制的事。

我花了几年时间，终于明白了答案：有些人喜欢攻击别人，是因为他们的内心非常痛苦。今天那个攻击你的讨厌的孩子，他出言不逊只有一个理由：他活在痛苦之中。他可能在家里遭受虐待；他或许被人忽视和冷落；他可能缺乏安全感。因此，他自己感觉良好的惟一方式，就是让别人感觉不好。你可能从来无法了解这些原因，但我向你保证一件事：他一定很不快乐！今天，我回顾童年时代那些让我感到痛苦的人，我忽然意识到：那些适应环境、感觉快乐的孩子，那些拥有自信的孩子，从来就没有侮辱过我。恰恰是那些缺少自信、妄自菲薄的孩子，他们不像我那样，因为瘦弱，反而格外得到亲人和朋友的爱和呵护。更为糟糕的是，恰恰是他们的父母告诉过他们：他们一文不值，他们觉得有必要攻击我，让我下不来台。

你可能无法想象：要是你无足轻重——比如说，你不是个好孩子——内心里是什么样的感觉！因为你的父母告诉你，你是个多么可爱、多么宝贵的女儿！那个攻击你的孩子，也可能有价值、有优点，但我想从来就没有人告诉过他。我希望大人们告诉他实情，我希望他将来不再感觉孤独，不再缺乏安全感，因为起码的、必要的安全感，才是驱除一个人恶毒和残忍的良药。

爱你的叔叔

你现在知道所谓人身攻击的含义了吧。诗诗面对的攻击，也会引起你的同情。设想一下：假如有个男孩，无缘无故对你说了极不中听的话，之后又迅速从你的生活中消失，你会有什么样的感觉呢？他的行为会给你带来伤害，不过，这种伤害，可能很快就会消失。

听爸爸的话：

想要伤害你的人有很多，在无法做到处处回击的情况下，就先要学会做一个内心强大的人。

第五章 挫折，是成长路上必须翻过的山

尊重那些"坏小子"

我高中一位同学家的孩子圆圆在升入初中后,迅速适应了学习生活,成绩上没有任何困难,而且和同学们也都处得不错,甚至有了几个自己的好朋友。但却有一件事让圆圆很烦恼,就是坐在她后面的男生总是欺负她。

这个"坏小子"总是从后面偷偷揪圆圆的小辫,或是用圆珠笔在圆圆的衣服上画上几道。有时候,他会把圆圆的课本抢走然后扔到其他同学的课桌上,等圆圆走进时,他又抢先一步抢到书本再扔。还有几次,圆圆正在和其他的同学聊天,他便冷不丁地推圆圆一把,差点让圆圆摔倒。

为此,圆圆很是苦恼,经常回家向爸爸妈妈抱怨,因为这个"坏小子"的确让她发愁了。不过,我这位同学一直没有找圆圆的老师,一来他觉得这不过是男孩子调皮罢了,二来圆圆已经找老师说过了,再去找老师也不会有太大的作用。

但两个星期之后,事态却发生了变化。有一次,这个孩子把电话打到了圆圆的家里面,正好是圆圆接的电话,他突然对着话筒大喊:"圆圆,我爱你。"圆圆吓得一下把电话扔了,那神情惶恐万分,一个劲儿地重复"他怎么会有家里的电话,我们赶紧换电话吧"。

这位同学气坏了,当时就想去找孩子的家长,让家长揍他一顿。但这样的孩子通常家长是没有尽到教育义务的,让他挨一顿揍,明天还不定怎么折磨圆圆呢。于是,我同学买了一本童话书,在校门口等圆圆放学,同时也是在等这个"坏小子"。没过多一会儿,一个穿着松松垮垮、显得有点邋遢的男孩子出现了，就是他。

我同学朝他走过去，他却露出一副挑衅和不屑的样子。同学柔和地说："别紧张，我只是想和你这个小男人说几句话。"

"你说圆圆是个好同学还是坏同学呢？"

"好同学。"虽然声音小，但是我同学能听得清。

"那要是有人欺负她，对不对呢？"

那孩子摇摇头。

"你会欺负她吗？"

那孩子又摇摇头。

"真是个好孩子。"同学一边说一边拍了拍他的肩膀。

"那么，我想见见你的爸爸妈妈可以吗？我保证不告状，只是随便聊聊。"这时另外一个男同学冲他们挤了挤眼睛。谈话就此止住，同学将那本童话书送给了那孩子，没想到他竟然眼含泪光。

事后，大家才得知，原来那孩子的父亲由于盗窃还在监狱里呢，而他的妈妈又是个脾气暴躁的人，动不动就对他拳脚相加。所以，当有人对他哪怕只是说几句柔和的话语，哪怕只是拍了拍肩膀，他都会感动得泪光闪烁。

可怜那孩子呀。这样的家庭，无辜的他有什么办法呢？他的错并不是他的错，而是他父母的错。所以，我的这位同学对圆圆说："我知道，他让你受了不少委屈，但实际上他的痛苦远比你要多得多，你的苦楚可以向爸爸妈妈和老师倾诉，但是他不能，所有的痛苦都只能自己来扛着。所以，不要歧视他，不要侮辱她，要试着把他当作朋友一样看待，了解他的不幸，学着宽容些，这对他对你都有好处。"

从那以后，圆圆试着主动和他打招呼，并把自己的童话书借给他看，那个孩子果然不再找圆圆的麻烦。

你看到了吗？每个人都是需要尊重的，哪怕他是曾经伤害过你的人。有了你的尊重，他也会试着以同样的方式来对待你。更何况，很多时候，那些"捣蛋鬼"都是不太幸运的孩子，我们怎么能够忍心再往他们的心上插刀子呢？

其实，不止是圆圆，任何女孩子，当然也包括你都可能会在校园遇到"坏孩子"。我想说的是，坏孩子并不是生来就坏，他或许只是因为生活中缺少了温暖，才想借此让自己痛快一点。

当然，他们的坏要适可而止，不是所有对你的伤害你都要忍耐，也不是所有的"坏小子"你都要尊重。比如那些在公交车或地铁上毛手毛脚的家伙，你就要果断地给他一点颜色看看；比如有事没事和你套近乎的人，你最好也要多远些；还有那些无端伤害你的身体的人，你一定不要忍耐。需要记住的是：任何时候，都不要让别人伤害你的身体，这是你尊重他们的底线。如果他们胆敢伤害你的身体，那么所有的尊重都免谈。同时，你还要积极寻求帮助，以脱离他们的控制。

说到底，你是要学习，学习如何分辨好人和坏人，那些人是假坏人，那些人是真坏人。对于假坏人，你不妨学着宽容一点，对他一视同仁，目的是让他能够体会到正常人的感觉，希望他还有回头的机会；对于真坏人，你要学会自我保护，且不管他日后如何，最重要的是不要让自己受伤害。

听爸爸的话：

很多的事情都不是只有一面，就像好人和坏人。有时候，"坏小子"们只是缺乏一点慰藉，所以，请尊重他们，给他们一个成为好人的机会。

你最好的朋友也可能背叛你

你小的时候就很爱听故事，每天晚上都会缠着我不停地讲，直到你甜甜地睡着。有一天晚上，你让我连续讲了三个故事还是不肯罢休，于是我给你讲了一个叫《背叛朋友的狐狸》的故事，故事的内容大致是这样的：

山林里来了一只老虎，狐狸决定把自己的好朋友螃蟹作为见面礼送给它。

狐狸抓住螃蟹说："只有把你送给老虎，我才可能有活路。"

螃蟹很生气，但是它说："我们是朋友，先让我把你尾巴上的毛理一下吧。"

"很好。"狐狸伸过尾巴。螃蟹用钳子使劲一夹，狐狸拼命地一甩尾巴，螃蟹顺势回到了池塘里。

狐狸十分懊丧，伤心地转过身，老虎正凶狠地瞪着它呢。

我讲完的时候你终于睡眼惺忪了，但我还是问了你一句："你说狐狸是好孩子吗？"而你则强把眼皮抬了抬说："狐狸是个大坏蛋。"我想那个时候你完全是出于一种孩子身上特有的"正义感"才说出这句话。不过，现在呢？如果你再读到这个故事有没有一种新的感触呢？会不会感觉自己也曾经像那只螃蟹被狐狸朋友出卖过呢？

"被朋友出卖"，这句话听起来简直让人超级难受。可是丫头，这不是瞎话，你或许还没有遇到过，但爸爸可不敢保证今后那么长

的人生道路你一直都不会碰到。这种倒霉的事说不定就会降临到谁的头上呢，前些天我们开车去郊游，不就有一只小鸟把屎不偏不倚拉在了我的帽檐上嘛。这当然要比被朋友出卖感觉要好一些，不然我同学的女朋友也不会那么伤心了。

我同学的女朋友叫舒雅，是比我们低两年级的大二的学生，不知道从哪一天开始，舒雅总是在自己的铅笔盒里或是课本里或是被子里等各种她自己的私人空间里发现一些奇怪的字条，有时一天收到一张，有时一天会收到两三张。这些来路不明的字条通常是在课间舒雅上厕所或是干别的事的时候被放进去的。字条全部是匿名的，但明显能够判断出是女孩的笔迹，但究竟是谁的笔迹舒雅却识别不出来。

起初，那些字条上的内容都有些类似，如：我们都觉得你是个不正经的女孩，风流成性，你和那个男孩做了什么，大家都知道。我是你的朋友，真替你担心，希望你好自为之。这些字条让舒雅感到莫名其妙，甚至变得神经兮兮，每次她走出教室又回到座位上，或是回到宿舍打开被子，或拉开抽屉时都感觉心惊胆战，她甚至都不敢碰触任何能够放入纸条的物品，同时，舒雅开始观察身边的每一个人，看看谁的脸上有不自然的表情。她并没有将这件事情告诉她那些要好的朋友，原因是这些字条并没有冤枉她，她的确在和高年级的男孩谈恋爱，也就是我的那位朋友（事实上，关于舒雅的事情我也正是从他那里听说的）。他们经常在晚上一起偷偷溜出学校，有时很晚才回来，但他们以为神不知鬼不觉的事竟然早就被别人知道了。

大约有半个多月的时间，舒雅一边不断收到纸条，一边偷偷琢磨着身边的人。但是后来，纸条就慢慢变了味道，那个神秘的作者不再说自己是舒雅的朋友，而是直截了当地说舒雅是个"贱货"，并警告她不要再"臭不要脸"，还说她的男朋友（也就是我的同学）准备将她提供给他的朋友们"分享"。

对于这件事，我的同学也很迷惑，我们几个要好的朋友都在绞尽脑汁帮他们回忆最近有没有得罪什么人。但这两个人虽然"早恋",对身边的同学、朋友都非常好,没有与人发生过任何冲突,哪怕是很小的事情都没有。这样说来,我们一致认为是舒雅的"情敌"所为,目的是让舒雅离开我的同学。具有这样动机的我们只想到了两个人:一个是我同学以前的女友(她一直没有死心),一个是我们班上一直对我的同学暗送秋波的一名女生。从此,我们开始关注这两个女生的动向,但持续了一个礼拜,我们没有发现这两个人曾经接近过舒雅。

不过,俗话说得好"要想人不知,除非己莫为",事情的真相到底是舒雅自己找到了。有一天课间,舒雅发现自己来月经了,不得不回到宿舍拿一些卫生用品,就在她推开宿舍门的时候,她发现小惠正在往自己的枕头下放东西。没错,小惠放的就是那些纸条。不过让舒雅惊讶的是,小惠并不是写纸条的人,写纸条的就是我们猜测中的一位——我同学以前的女友。她看不惯舒雅"夺走"了自己的位置。于是,想出了这么个损主意。

这对舒雅来说其实不算什么,嫉妒生恨原本也是平常的事,虽然"作者"用词恶毒,但舒雅还是能够一笑而过了。最让舒雅不能面对的、让她头疼和发疯的是:为什么偏偏是小惠,这个从高中就在一起的好朋友,居然为虎作伥,帮着素不相识的人羞辱自己。

舒雅说的并不全对,小惠和那位"作者"并不是素不相识,她们早在学校的一次演出时就认识了,由于这位"作者"很会化妆,小惠为了讨好她让她帮自己画个漂亮的妆于是成了熟人。当舒雅质问小惠时,她的辩解简直让人觉得可笑,她说她根本不知道纸条里写的是什么,只不过是帮一个忙而已。

不知道你能不能体会舒雅的难过,可小惠并不以为然,她依旧振振有词地为自己开脱:"你至于这样吗?不就是开个玩笑嘛,小姐,长大点吧……"这话听起来多么滑稽,一天两三次把别人说成"贱货",竟然只是开个玩笑?!

现在你会有什么感觉呢?除了同情可怜的舒雅,你会不会觉得真挚的友情、真正的朋友都不存在呢?千万别这么想,世间那些美好的感情都是存在的,坚定的友情、纯美的爱情、浓浓的亲情……

每一样都是我们生活中最美的一个部分。那我为什么还要和你讲舒雅的事呢？我是想告诉你：很多的事情并不是我们想象的样子，那些看似柔美的花朵也可能藏着毒刺。为此，你要小心。

假如有一天你真的被毒刺扎到，那也不必太过纠结于这个不幸，只当自己不小心撞到透明的玻璃上好了。

永远记着舒雅的故事，这样，当有人也这样背叛你时，你就不会太难过，因为总有一些事情是我们无法预料，但必须承受的。

女孩可能会遭遇的危险情形

自从你成为市里的青年环保志愿者后,和妈妈发生过几次不愉快,你还记得吧,几乎每次都是因为妈妈一个人出门的时候非要开车。我还记得有一次,你非常平和地和妈妈讲不让她开车的理由,你说:"妈妈,我觉得你一个人出去的时候开车实在是太不环保了,而且也不划算。你看,如果是我们一家人都出去,那么我们三个人一同坐车,还省下几块钱的路费,可是你一个人出门,我们家门口就是公交车站和地铁站,你还非要开车,实在太不明智了。"

我也记得妈妈当时的话,她说:"我知道你说得很对,可我……还是想开车。"

随后,你们两人不欢而散。

可是,你知道妈妈为什么一个人出门的时候一定要开车吗?这与她之前坐公交时的一次遭遇有关。

那时候我和妈妈还没有结婚,正在热恋之中。妈妈住的地方离我不远,我时常在她下车的地方等她。那天,我照常在车站等待我心中的女神,也就是你的妈妈。看着公交车缓缓进站,我也在车厢里寻找着妈妈的身影,不曾想,车门刚一打开,妈妈就跳了下来,脸色惨白,扑在我的怀里,泣不成声。

我被吓坏了,赶紧抱住她。妈妈大约哭泣了1分钟后,我开始问她究竟怎么回事。妈妈说她在车上遇到了坏人,那个人看起来文质彬彬,带着金丝框眼镜,手里还拿了一本书。起初,妈妈并没有在意这个人,因为车厢里的人实在太多了。但是,这个人在妈妈身

边站了几分钟后,开始摸妈妈的屁股。妈妈当时太胆小了,根本不敢声张,只得向旁边挪了挪,但是那个人也跟着凑了过去,又用手摸妈妈的下体。妈妈说,她当时吓得要命,可是那么多人她只能一点一点往外挤,而那人就一直跟着妈妈挤到了车门边上。直到妈妈下车,总共得有二十分钟的时间,那人都有恃无恐地挤在妈妈身边。

我对妈妈说:"你应该给他一个大巴掌。"妈妈说:"我不敢。"

从那以后,妈妈就开始对坐公交车或是地铁心存芥蒂,总是要有人陪着才肯坐。于是,我和妈妈结婚后第一件事就是买了一辆车,虽然不太好,但妈妈一个人出行时至少不会受到骚扰。

这么多年了,妈妈对当年的情景还是"念念不忘",确切地说,她是留下阴影了。所以,希望你能理解妈妈,她不是有意和你作对,她是真的害怕。

当然,我和你说这个,不仅仅是希望你能理解妈妈,更想告诉你的是,女孩子总是容易莫名其妙地遭遇到危险情形。我希望能够给你提个醒,希望你永远不要受到这些伤害:

第一个要说的也是最常见的就是骚扰。现在很多男生或是男人都有些心理变态,他们会以骚扰女性为乐。所以,有你这么漂亮的女儿,我们总是不免比其他父母要更担心一些。你有没有想过,如果真的遇上了这样的色狼你会怎么办?对他别客气就对了,你可以大声质问他:"你干吗?"你可以狠狠地瞪他,也可以用你的高跟鞋的鞋跟使劲踩他的脚,或者也可以找售票员帮忙……总之千万不要像妈妈一样,因为你的躲避无疑是在告诉他他可以进一步骚扰你。

当然,现在不少男士都在抱委屈,说夏天的时候,女生穿得实在太暴露了,这让人没法不产生种种冲动。这话也是有道理的,有些女孩子的确穿着不太雅观,难免会让人想入非非。你要知道,男人的性冲动来得非常快,对于意志不坚定的人来说,一点视觉刺激或是听觉刺激都能够让他们产生性冲动,并不由自主地采取进一步措施。所以,你要注意这一点,在外面不要穿得过于暴露,那样既容易给自己惹麻烦,也显得你的个人修养不够好。

第二个是性侵犯,虽然不似公车骚扰那样常见,但也完全有可能碰到。所以，我真想有一把枪，若是哪个小子敢冒犯你，我就一枪打去，让他再也爬不起来。但我的这种想法并不可行，最可行的是你自己要注意防范。比如：偏僻、阴暗、狭窄的道路或巷子你尽可能不要一个人走，若是在夜晚，一定要选择人多、灯亮的道路。另外，茂密的树木、建筑工地、废弃房屋、桥梁涵洞都是危险地带，你都要十分谨慎。除此之外，我想你还有必要学会一点随机应变的能力，就是让你手边的东西成为你的武器，比如你的发胶，若是喷在坏蛋的眼睛里，他一定会疼得忘了你的存在。当然，或许你在做了一切的防范工作后还是出现了意外，如果你真的落在坏蛋的手里，请不要和他拼命，无论怎样，爸爸希望你能活着。那么现在怎么办呢？最好就是把危害降到最低，所以如果你愿意可以随身带一只安全套，这至少可以让你免受怀孕的伤害。

　　你还有一种被伤害的可能，那就是被药物迷倒。我小时候管这种人叫"拍花子"，他们不是有特异功能，而是有一种药，可以让你神志不清进而任由他的摆布。所以，对于陌生人你时刻都要提高警惕，比如他让你拿他的什么东西，你千万不要随便碰触；有时候，他们也会利用人的同情心，据报道说有一名女教师在马路边看到一个小孩子哭，孩子说自己迷路了，家在什么什么地方，女教师便带着回家。这个地方的确存在，但是当女教师的手一碰触到门铃就立刻昏了过去，醒来时光着身子，所有的东西被洗劫一空，她甚至都没有看见罪犯。所以，这样的"好事"你最好报警，让警察来帮忙，不要大义凛然地自己上阵。

　　公交车、地铁或是公共场所也一样会有这样的事情发生，当有人接近你和你套近乎时，你一定要提高警惕，最好躲开他，换到售票员的位置。一旦发现自己身体不适，要立刻寻求司乘人员或是保安或是其他人的帮助，和他们说明情况。我前天在网上看到这样一个机灵的女孩儿，她坐公交，车上很空，但一个男子却站在她身边和她东拉西扯，她感觉不对，不理那个男子，但是那个男子却伸手摸她的头发，说上面落了东西，女孩儿瞬间感到眩晕，但她头脑尚且清醒，于是跌跌撞撞走到乘务员身边，说："那个人我不认识，如

果我昏倒,请把我送到派出所。"果然,没过两分钟,女孩儿就失去了意识,大家把她送到派出所,而那个男子听见女孩的话便迅速下车了。

我想,使用这种手段的也可能不只是陌生人,那些别有用心的网友也一样有可能。他们把你迷倒后,可能抢了你的钱财,或者把你强奸,甚至可能把你卖到山沟里做童养媳。(一想到这些,我的心都要从嗓子眼儿里蹦出来了。)所以,如果你一定要约网友见面,那么多带上一个人,或者一个明里,一个暗地,这是比较有保证的。

这些情况都是我最最担心的事情,虽然这种事的几率并不大,但一旦发生,那么我的孩子,你的一生可能都将受到影响。所以,请一定不要以不屑的口吻说我危言耸听,"以防万一"总不会有错的。

听爸爸的话:

病毒的可怕就在于我们明知道它存在但却不知道它在哪儿。为此,我们时刻要记得洗手预防。现在,爸爸告诉你,危险也是一样,你也要时刻警惕才行。

当你听到噩耗时

可能是由于年纪越来越大的缘故,最近一段时间和别人说话,动辄就会说出"说不定哪天撞车就……"的话。

这险些就成了可怕的咒语。

那是几个月前的一个早上,我开车上班,正走到距离公司两个路口的地方,我需要向左转弯。当时我并不是排在第一的左转弯车辆,第一辆早就在绿灯开启的瞬间转了过去。我开车一直都是很规矩的,左转弯时我绝对不会抢直行车辆的道路,我一定会等直行车辆没有了或距离足够大时才转弯。

那天,我也是一样在等待直行车辆通过。这时,对面一辆左转弯的大货车停在我的右侧,我的视线完全被它遮挡,大概3秒钟的时间我没有看见直行车辆过来,我以为没有了,于是车子启动,但就在这时,一辆直行的小货车飞奔而来,正撞在了我的后座上。而我的小车在惯性的作用下,瞬间向右前方冲去,与另一辆小车擦肩而过。还好,一切都在十几秒钟内停了下来,我只是头部撞到了玻璃上肿了一个大包,车子的整个后背箱被撞得不成样子。

我很清楚地记得,我打开车的手是抖的,我下车时的腿也是抖的,我感觉真是和阎王做了一会儿邻居。但不管怎么说,我还是幸运地避免了一场惨剧,没有变成马路沥青的一部分。这件事让我牢记的原因,不是因为我有多么幸运,也不是我们有多么愚蠢,而是当我讲述完这件事后妈妈嚎啕大哭的样子。

我不敢想象,假如不是我向她讲述了事件的过程,而是另外一

个人打电话通知她,说:"你老公出事了,他被车撞了,恐怕再也不能醒来了。"那时,妈妈会是怎样的状况呢?由妈妈我又想到了你,假如是你听到了这样的消息,你又会怎么样呢?会不会一蹶不振,失去生活的信心?或者突然改变了你对生活的态度,认为努力毫无意义,因为说不定哪天就去见"马克思"了呢?

我所担心的正是这一点。因为我经历过,而且不止一次,到目前为止与我关系最为密切的人有爷爷、姥爷、我的表妹,以及与我从小玩到大的一个朋友。你知道吗?每一次听到这样的噩耗,我都觉得天旋地转,我都忍不住问:"为什么老天爷这么无情?"

可是这个问题是多么的愚蠢啊,人的生死与老天爷有什么关系呢?如果真的是老天爷决定着人们的生死,那么我们何必要系安全带,生病了何必去看医生,山间公路何必要装防护栏?一切交由老天爷好了。可见,我当时一定是心痛得糊涂了。几经这样的伤痛后,我开始慢慢领悟一个放之四海而皆准的真理:不管是由于年老、疾病、自然灾害,或是那些愚蠢的、原本可以避免的交通事故,也或者其他的意外,或早或晚,我们都会迎来那一天——结束我们在地球上的生命。

也就是说:不是老天爷要带我们走,而是死亡根本就不可避免。人生就好像是一揽子的安排,而死亡便是其中之一,虽然说不定是在哪天,但谁也无法回避。当然,死去的人只在瞬间没有了呼吸、停止了心跳,然后化作一缕青烟,一了百了。倒是活着的人需要面对他们的离去。

有那么一阵子,也就是我的朋友杰死去的那一段时间,我大受打击。我经常翻阅手机里的电话簿,也常常一眼就会看见杰的名字和号码,我知道他已经消失了,但就是没有勇气(似乎也舍不得)把它删除。想想看——那种感觉多么难受啊!最初的一段时间,我甚至害怕看到"杰"这个字,那间以前常去的咖啡厅我也不敢踏足,因为每次进去都感觉杰依然坐在我的对面和我说着一些有用的或无用的话,似乎还能看见他起身去洗手间的背影,以及他抬手叫服务生的样子。

但是，当我躲开这样的环境后，我发现了一个天大的秘密，那就是这个世界仍旧在照常运行，不管你怀着悲伤的心情出现在哪里，人们仍然在聊天、说笑、争论、工作，与过去并没有什么两样。这之中，也包括我自己，我依旧在按照以往的作息时间上下班、吃饭、睡觉……刚刚发现这一点时，我甚至有些惊讶，他是我多么要好的朋友啊，面对他的离去我竟然一切如常？！

但这是真的。当你所爱的某个人死去后，不管以何种方式，你或许都无法潇洒地、完完全全地走出阴影，你甚至会花很长的时间来平复自己的伤痛。但一段时间之后（时间长短自然与他和你的亲密程度相关），你还是要回到自己的轨道上来，继续以后的生活。在这样的一个基本前提下，我想我只需要帮你减轻一点痛苦就好了。

首先你要强迫自己一如既往地生活，到外面的世界里，做你该做的事情。这当然并不容易，一方面你可能依然忍不住泪流满面，更重要的原因你可能感觉这是对你所失去的爱人的一种背叛，你可能觉得需要把自己"软禁"在悲伤里才是对他们最好的纪念。你要是这样想，那就大错特错了，因为你正常地过好自己的生活并不意味着你已经忘却了逝者，尽管看起来是这样。你要知道，他们的离去所带给你的悲伤和痛苦是你自己的感受和记忆，是属于你的特殊财产，其他人没有权利要求你把它放在心里还是拿出来展示。

其次你可以找人说说，因为在最初的日子并不是像我说的那样轻松就能甩掉悲伤，这需要一个过程，这个过程将会非常痛苦。所以，你可以找个能够听你说话的人来聊聊自己的感受，那些爱你的人或许可以帮助你、安慰你，哪怕只是微不足道……当然，即便没有他们，你最后也能够好起来。当然，你需要谅解那些难以体会你的悲伤的人，他们不是你，他们与逝者或许并没有什么亲密的关系，甚至互不相识，所以他们不会和你一样伤痛，你不要以为他们在看你笑话，或是铁石心肠，他们能够坐下来听你唠叨就说明他们是想要帮助你的，而他们的倾听实际上就是在安慰你了。

你瞧，噩耗虽然可怕，但随着时间的流逝，它终究会成为人生的一个片段。当痛苦和悲伤离我们渐渐远去，展现在我们眼前的依

旧是美好的明天。所以,假若有一天你听到了爸爸的,或是其他对你来说非常重要的人的噩耗时,希望你知道应该怎么做。

听爸爸的话:

噩耗就像是从天上突然掉下的巨石,绕过去,前面依旧是你的精彩。所以,不管这石头把你吓成什么样子,整理一下心跳,哪怕含着眼泪也要绕开它。

第六章
恋爱，青春盛开的美丽之花

有谁不想恋爱呢？就算已经接近不惑之年的我依旧怀念恋爱时的感觉，那是人生最美的时光。你也一样非常期待吧，但是你知道如何恋爱吗？你了解那些毛头小伙子吗？听爸爸和你说说吧。

比起脸蛋，男人更喜欢你的个性

我上大学那会儿没有现在这么多的休闲娱乐活动，而且那时候大学并不好考，需要高中努力再努力才有那么一小部分人能够迈进大学校园，我就是那一小撮人里的一个。刚刚进入大学时，踌躇满志，一心想着要把所有的时间都用来汲取知识。但是，二十左右的几个小男人挤在一间宿舍睡觉时，总不免要谈论一些与书本毫无瓜葛的东西。那时候没有电脑，也没有手机，所以，一躺下来就爱讲笑话。同宿舍的一位男生是我们的"包袱铺"，总是有不少好段子逗得大家乐。我还记得，他讲过一个猪和乌鸦的笑话：

有一天，乌鸦和猪一起坐飞机。猪听见坐在头等舱的乌鸦对空姐说："小姐，过来，有酒吗？"空姐非常有礼貌地回答说："对不起，飞机上没有酒。"乌鸦被拒绝后，非常生气，于是它大声喊道："连酒都没有还开什么飞机？滚！"

猪觉得乌鸦如此放肆，空姐都不敢吭声，实在太牛了。猪也希望能像乌鸦一样威风一下。于是，他也模仿乌鸦的口气喊道："小姐，过来，有酒吗？"空姐同样很有礼貌地回答说："对不起，飞机上没有酒。"猪被拒绝后也学着乌鸦大声说："连酒都没有还开什么飞机？滚！"

五分钟以后，飞机舱门打开，猪和乌鸦都被从五千米的飞机上扔了出去。这个时候，猪惊恐万分，但乌鸦却毫无惧色，且得意地对猪说："小样儿，跟我学，我有翅膀，你有吗？"

这个笑话你肯定也听过，不知道你有没有悟出一点什么。当然，我在最初听的时候除了哈哈大笑之外并没有其他的收获。反倒是现在说给你听的时候有点不一样的感受。我想，作为女孩子，假如你只是一味追逐流行的装扮，那么你的美丽也只能是流水线上的一个包装袋；如果你总是人云亦云，没有自己的独到见解，那么你的智慧就如同鹦鹉学舌一样的肤浅。而这两点，对于已经步入恋爱年龄的你来说可是致命的缺点。

虽然我在你的眼中已经成了"老古董"，但是不要忘了，我也年轻过，而且我是男人，所以对男人的了解总归要比你清楚一些。当然，这还得从我的大学生活谈起，因为我在上高中及更早的时候，男生和女生根本不敢随便说话，而且那时候住在家里，没有机会与同龄人坐在一起探讨女孩子。

到了大学后一切都变了，几个半大老爷们儿在宿舍里闲得无聊，自然要找一点话题来逗逗闷子，而女生也就成了我们最好的谈资。那时候我们经常偷偷谈论班里的女生，说谁最漂亮，谁最迷人，谁最努力，谁最有钱……能研究的我们都研究，绝不放过一点。当时，在我们班里的十一个女生当中，有两个特别受男生青睐。

她们当中，有一个人曾经和英语老师闹翻了脸，原因是她认为老师的一个发音不够准确，为此她不惜翻阅各种资料，然后请教多名校内的资深英语教师，把她们的发音用录音机录下来，不仅如此，她还跑到其他大学寻求老师们的帮助。你知道吗？她最后收集到了整整100名英语老师的发音，然后放给我们的英语老师听（你瞧，她是不是很牛？）……至于究竟结果怎样，我们根本就没关注，我们当时只是因此而震惊，并把更多的目光投向了这位女英雄。

还有一位，虽然显得有点不合群，但是一样不乏追求者。她的独特之处在于业余时间全部用来打工，最初我们都以为她是因为家里困难。但没想到大一寒假的时候，她去东北看了冰灯；大二暑假的时候，她去了香港迪斯尼；大三暑假时，她竟然到韩国转了一圈。你知道吗？当时我们男生简直都对她顶礼膜拜了……

所以，我想告诉你的是，拥有漂亮脸蛋的女人到处都有，但是拥有独立个性的却相对稀少，"物以稀为贵"嘛，所以有个性的女生也会更受到男生的瞩目。

实际上，包裹着你灵魂的躯壳，并不是最重要的东西。有时候，当你看到男生都在一窝蜂地追求那些拥有漂亮脸蛋的女孩儿，一定会感到沮丧，因为在无数竞争者中，你的长相并不突出，甚至属于很快就被人忘记的那种。我非常理解你希望得到异性的关注，希望拥有令他们垂涎的美貌。但是，对待恋爱，你一定要想得更细致、更深入些，你不妨考虑一下：你想要找一个什么样的男朋友呢？你会最看重他什么呢？

你会觉得只要他长得帅就可以了吗？还是希望他能够有自己的主张、说话风格、做事方式呢？如果你选择了前者，那么"物以类聚，人以群分"，你一定也会结交到和你看法相同的男孩。他们也会只看重你的相貌和外表，他们对你的感觉只取决于你的外表。如果有一天，你的头发没有梳理好，他们的兴趣就会骤然下降甚至消失；如果有一天（其实迟早会有这一天），你的脸上长了皱纹，皮肤变得松弛，他们可能会毫不犹豫地和你说"拜拜"。所以，容貌如同一块玻璃，极其易碎，而建筑在上面的爱情也同样如此。

但如果你们是因为彼此的个性而相互吸引，那么未来的日子，他才会从你身上不断获得探索的新奇感，并一直吸引着他和你持续到老。我想，这才是恋爱的目的吧。

当然，在你们这样懵懂的年龄，可能很少有人会想到：生命当中最有价值的人，应该更关心自己的心灵，而不是眼睛是否明亮、皮肤是否白皙、牙齿是否整洁……现在，爸爸以一个走过青春年少的老男人的身份来告诉你，只看重容貌是多么的华而不实，如果你喜欢的那个男孩子仅仅是看重你的脸蛋，那么我想你还是早点说"沙哟娜拉"比较好。

  **听爸爸的话：**

再鲜艳的花也有枯萎的那一天，只有拥有独特个性的你，才能变成一颗耀眼璀璨的星星，并永远在某个男人的心中闪亮。

恋爱不是毒药

到目前为止我们还没有发现你有恋爱的征兆,这让我们多少感到安慰,因为你若是现在恋爱了,那就是早恋。早恋虽然美妙,但却常常会耽误正事,尤其是上学。不过我相信一点,虽然你没有早恋,但是对于恋爱你总还是有一些了解的。比如影视节目中,经常看到女孩为情爱抹泪的镜头,男女主人公歇斯底里的痛苦万分;或是在小说上,缠绵悱恻的文字想必也一定让你跟着流过不少眼泪。当然,最直接的你的身边就可能有恋爱的人。

如果你看过太多的恋爱的悲剧,或者你自己也曾经在恋爱中受过伤,你就很有可能对恋爱产生恐惧,感觉"无情不似多情苦",但实际上,我要郑重告诉你的是:孩子,恋爱不是毒药。就算你谈了一场失败的恋爱,那也不能表明恋爱本身是个错误。

我在1999年去过一次鄱阳湖,那里有一种野生植物,叫藜蒿。藜蒿总是漂满了水面,农民们便用钉耙和镰刀在水面收割,然后一垛一垛地装好,最后的作用是把它拉回家剁成猪食。在鄱阳湖藜蒿被视若草芥,装在汽车上,就算掉一地也不会有人觉得可惜。

但后来,我在南昌出差时的一次经历却让我大跌眼镜。我们去南昌的时候,工作之余,就到处打听有没有什么特色吃食,当地人介绍了一种,说是叫"藜蒿炒腊肉",于是我们直奔一家餐馆,点上这道"藜蒿炒腊肉"。菜一上来,我们就挥动筷子,洗劫一空,大家的一致结论是:在所有蔬菜与腊肉的组合中,只有藜蒿达到了最高境界。所以,在南昌,小到排档,大到宾馆,这道菜都是必备的压

轴菜。(等有机会,爸爸一定带你尝尝。)

你知道吗?这些藜蒿就是产于鄱阳湖。所以,在当地流传着这样一句话,叫"鄱阳湖的草,南昌人的宝"。我觉得这和恋爱有点像,可能在一个男生眼里你是草,但在另一个男生眼里你就是宝。所以,即便你谈了一场或是几场失败的恋爱,也不要灰心丧气,属于你的那次美好的恋爱总有一天会到来。

恋爱在字典中的解释是:在各自内心形成的对对方的最真挚的仰慕,并渴望对方成为自己终生伴侣的最强烈、最稳定、最专一的感情。这是一个水到渠成的过程,是人生应该经历的感受。

你大概已经学过了,女孩子到了十一二岁、男孩子到了十三四岁就开始进入青春期,然后各自出现第二性征的变化,比如女孩子乳房发育、男孩子长胡须等。其实,这都是我们身体的正常变化,人到了一定的年龄,体内的荷尔蒙就会必然发生变化,从而使人在生理和心理上都与以前不再一样。

想想你自己,或者翻看一下以前的照片,是不是感觉几年前的自己和现在判若两人呢?所以古人就说"女大十八变,越变越好看",而男孩子呢,或许你可以拿出你四姨家的你表哥(当然,你们班里的男生就是活生生的例子)以前的照片和现在来比较一下,当然也会让你感到惊讶。但这就如同自然现象一样,没什么,每个人都要经历。当我们到了青春期,就会莫名地对异性产生好感,这也是体内的荷尔蒙在作祟,我们没有办法剔除体内的荷尔蒙,所以我们也无法拒绝恋爱。事实上,我们为什么要拒绝呢?这是多么自然的事情啊?

通过恋爱,你可以更加了解一个人,也使你从一个青涩的女孩儿变得更加成熟,能够更懂得爱与被爱。有朝一日,你会和你的男友,相互爱慕,然后走进婚姻的殿堂,组成家庭,成为社会的一个小单元,为人类的发展和繁衍做出你们的贡献。你看,社会也需要人们恋爱呢。所以,不要听信那些"恋爱是毒药"的谣言,别把恋爱妖魔化。

我至今仍然还记得上大学时谈过的那场恋爱。那时候每天都要去学校的水房打水，当然我会和那位女孩儿一同去打水。

吃完晚饭的时候总是人最多，我们也排队，虽然不像现在的年轻人一样腻腻歪歪，但只消站在身旁就觉得如沐春风。那个时候我一直都在想：恋爱真好，如果我见到丘比特，我也一定把那个小弓抢过来，把爱箭往人间猛射，让人们都爱得死去活来。

旁边还有一对，男的不高不帅，女的不美不白。等待的间隙，女的撒娇婉转地说着话，男的温柔体贴地听着，很是和谐。轮到我们打水，旁边那一对突然不说话了，我一抬头，那两个人的眼光都在盯我们的手上，女的轻声道："他们的戒指真好看。"我和我的她相视一笑，我说："铜指环，你们也买吧，恋人要带情侣的。"女的笑着看着男的，男的立即说"好"。

两个人含情脉脉地笑，蛮幸福的样子，真好。他们和我们一样，什么都没有，只是因为喜欢，或者感动，或者感觉，在一起，不附加任何东西，那应该是最纯的感情。

我并不知道后来他们的结局如何，我们是没有坚持到最后，连大学没毕业就分道扬镳了。但这并不影响我对恋爱的看法，至少通过这场恋爱，我感觉自己长大了，知道什么样的女人更适合我（这对我后来与妈妈的结合还是有参考作用的）。而且，直到现在那种美妙的感觉都始终挥之不去。

所以，我的宝贝儿，等你到了恋爱的年龄就去恋爱吧，去体会一下人生每个阶段都应该有的感受，这样人生才没有缺憾。

听爸爸的话：

"男大当婚，女大当嫁"，到了恋爱的年龄就一定要恋爱。因为恋爱不是毒药，而是酒，香醇、甘冽，它也许会让你趔趄，甚至摔倒，但终究会让你无限回味。

恋爱，不要指望缘分

　　我永远忘不了去年中秋和你妈妈一起看的那场电影，为什么记住了呢？因为那天是中秋，你在学校，家里只有我和妈妈，我们也想再找一找年轻时的浪漫感觉（小鬼，别觉得我们的想法可笑，你不知道我们这个年龄有多怀念过去），于是，我们选在这一天去看一场爱情电影。

　　电影的前半场我几乎都没有看进去，这倒不是电影本身有多么糟糕，而是坐在我们前面的一对小情侣。看上去不过是高中生的样子，最多也就是大学生吧，两人头顶头地摞在一起，全然不顾这是公共场合，不仅如此还不停地嘻嘻哈哈发出声响。你知道吗，宝贝？我当时一下子就想到了你，我想我的丫头不会也这样吧？说起来，中学生早恋倒也算不得多么新鲜的事情，如果你真的犯了早恋的戒，我想我是完全能够理解的。但是，让我一直感到气愤的是，他们没有公共意识，这毕竟是在电影院，虽然里面黑灯瞎火，但也是公共场所，叽叽喳喳说个不停，还把嗑的瓜子皮扔了一地……要是你和这样不懂事的所谓"男朋友"在一起，那趁早甩掉他，没有公德的人责任心也好不到哪去。若是对你没有责任心，那你干嘛找他做男朋友？那不是自己找虐待吗？

　　你知道我当时简直都想和你妈妈抱怨：干吗要今天来看电影？演的什么内容没看见却弄了一肚子气！不过，天可怜见，在电影快结束的时候两人竟然走了。我也开始静心看了一会儿电影的结尾：

音乐声从原来的轻柔逐渐进入高潮,那对不知道何故而分手(不是电影没演,是我没看见)的情侣隔着车厢的国道,彼此惊奇地凝视着对方。真的吗?竟然有如此神奇的机缘,他们分了手,各自都不能放下对方,然后各自到全世界旅游。但是现在,他们竟然坐在了同一列火车上,而且是同一节车厢,还是同一排座椅,天下竟有这样的机缘!两位主人公显然也不相信,这从他们惊奇的眼神中可以出来。但最终,他们还是信了,这就是缘分,于是,两人站起身来,走近对方,然后伸开双臂……

没错,他们要迎接一场真正的爱情,从此他们会忘掉过去的一切,从新开始,并相守一生。从他们走进同一节车厢开始,缘分就注定了他们要永远在一起。

此时,你的妈妈已经感动得泪如雨下、泣不成声了,但是我真恨不得马上从座位上站起来,以最快的速度冲到售票处要求退票,把我的50元电影票钱要回来。

那样的情节安排得简直让人无法接受,我可以直截了当地说:这样离谱的缘分简直就是瞎掰,如此设计剧情完全是为了偷懒,几乎所有的影视剧作品中,那些恋人之间都会有着神奇的机缘,不是霎那间的"天作之合",就是虚假的邂逅,挡都挡不住。如果换做是我来拍一部电影,绝对不会采取这样的方式。当然,我不是导演,我说了也不算,我只能在看过了上百部这样愚不可及的影片后,发誓再也不去电影院看什么爱情大片了。

我只是想要告诉你,电影或是那些肥皂剧中所谓的"缘分"在真实的恋爱中并不存在。现在,我们先抛开爱情不谈,只来看看那让人敬畏和渴望的"缘分"究竟给人们带来什么。

大学时班里最大的班官儿就是班长和团支书,班长是男生,团支书是女生。那个情窦初开的年龄,同学们自然把班长和团支书要凑成一对儿,大家说这是"天造地设"、"郎才女貌",是上天的安排,是前世的缘分。

不过我可以先告诉你结局:班长被我们班的另一名女生抢走了。

知道这个消息的那天，据说团支书将床上的扑克牌撕了个粉碎。你们现在不是常常玩什么占星术啊，笔仙嘛。我们上学的时候，女生宿舍里就时兴用扑克牌算缘分，有一次我借着去给女生宿舍送东西的机会从女生那不小心学会了，方法很简单：选出红桃的牌，把它翻过来，然后双手合十，心里默念：红心皇后啊，请问＊＊是不是我的真命天子（天女）？然后翻出一张扑克牌，如果翻出来的是红心国王，也就是K，那么你们是有缘的，他＼她就是你的另一半。否则，就是无缘。

想来，团支书一定在宿舍无数次地心里念着班长的名字，手里翻着扑克牌，我敢保证，她每次翻出来的结果并不一样，一定有那么一两次是红桃老K，但更多的时候恐怕不是。于是，团支书就那么静静地等待着，不管她是认定有缘分还是没缘分，她肯定是把自己的爱情交给那个在月亮底下手拿红绳子的老头儿了。

但是，住在她上铺的班长的女朋友大概觉得班长到不到手与这老头儿并不相干，于是，她经常帮班长打水，偷偷给班长送过冒险手套，见到班长就笑得格外好看，于是班长就认定了这个不玩扑克牌的女孩子。

怎么样？现在你对缘分这东西有什么新的想法了吗？你如果相信缘分就能帮你搞定爱情的话，就好像把篮球托在手上，等着它自己跳进篮框里一样，绝对是比做白日梦还可笑的举动。而且如果一个人的爱情真的由上天来安排，或是只需月下老头儿系根绳子就能决定的话，那么爱情也就没什么价值可言了。

这如同我们的生活一样，你想要在班里考第一名，那么就必须要努力学习，而不是找个算命先生给你算上一卦就行的；倘若真是那样，即便考了第一名，也没什么意思，因为那是老天爷的事，而不是你的事。所以，如果你只相信缘分或是命运，就意味着你把自己放到了"傻子"的队伍里。

总之，当你不想自己努力时，就好好想一想吧，自己主宰生活和爱情是一件多么自豪的事情啊！

听爸爸的话：

两个人的缘分就像流动的溪水，你要么在适当的时候"取一瓢饮"，要么眼睁睁地看着它流过。

第六章 恋爱，青春盛开的美丽之花

马上甩掉那个不尊重你的男生

你能考上重点高中实在让我和妈妈非常的欣慰,因为三年前我们曾为了让你上一所好初中费劲了心思。

当时,我和妈妈看好了两所中学,一所是我们区的重点,一所是私立学校。区重点的好处是名校名师,硬件软件都了不得,但是我们得需要花很大的精力去为你跑这件事,毕竟你的学籍并不在这里,而且学校距离我们家很远,你如果去那里上学,全家人都要和你一起早。私立学校的好处是硬件水平非常好,老师对孩子的心理和身体发育都十分关注,而且据说学校食堂的伙食非常棒,只是私立学校的学费对我们家来说是个不小的数目。

我和妈妈纠结了很长时间,最后还是决定征求你这个"小主人"的意见。那天晚上,我们一家吃过晚饭,坐在沙发上吃水果,我先开口对你说:"想和你商量个事儿。"你一脸狐疑,问道:"什么事儿啊,弄得紧张兮兮的。"

"关于你上学的事,我和妈妈的意思是希望你能从区中和我们家附近的私立学校选择一个。"

"为什么不去我们小区指定的学校?"

"那个初中教学质量一般,到时候你怎么考重点高中啊,若是上不了重点高中,那么怎么能考一个好大学呢?"妈妈着急地向你解释。

"是金子在哪都发光,费那个劲儿干吗?我不想去。"你的回答坚定得要命。

妈妈和我瞬间被你"石化"了……当然，妈妈又迅速恢复了神智，向你解释择校的好处，说我们已经费了不少心思，等等。我不知道当时你倒底有没有听进去妈妈的这些话，但是你的态度出奇的坚定，你还是拿那句话来应对我们所有的口舌，那就是"是金子在哪儿都发光"。

你知道吗？那天晚上，我和妈妈几乎没有睡觉，整晚上都在讨论你上学的问题，我们当然希望你能够进一所好的初中，然后上重点高中，然后考一所好的大学。但是，求学之路乃至今后的人生之路都是你自己的，我们又有多少权力能够干涉呢？所以，我们一夜未眠的结果是：尊重你的选择，不仅是现在，而是包括未来所有的日子。当然，你的确是个争气的孩子，虽然上了最普通的初中，但是你品学兼优，最终以优异的成绩考取了重点高中，你果然"是金子"。

或许你早已经忘了这件事，但是我和妈妈一直记得，并一直努力做到对你的尊重（尽管有时候觉得你不过是个"小屁孩儿"），在爸爸的心里，你应该像小鸟一样快快乐乐，没有束缚。但是，这一两年来，我渐渐看到青春的躁动在你的身上也慢慢显露出来，我想你早晚会要找一个男朋友的，对吧？

我自然是不反对的，因为恋爱是件好事。可是，你知道如何与那个男孩相处吗？你有没有你的"零度容忍"呢？也就是说，你没有一个底线，只要他触犯了你就会毫不犹豫地甩掉他呢？

我想应该有，而且是"必须的"，可这个"零度容忍"是什么呢？我作为你的爸爸，作为世界上第一个时时刻刻都对你万分尊重的男人，给你的建议就是"尊重"，假设他不尊重你，那么不要再给他第二次机会了。

这不是说他不能与你发生任何争执，或是他有些地方表现得不够成熟你就不能原谅他，而是说：不管你和他之间发生了什么，他都必须尊重你。或许现阶段你对情感之中的尊重并不能完全理解，那么我们换句话说，也就是：在你们情感交往中，你应该有这样的感觉，即在他的心目中，你是个有价值的女孩儿。

你可能会有些疑问：仅仅因为他犯了一次这样的错误就不可原谅了吗？而且当你真的甩掉了那个男孩儿之后，你也会觉得很失落，甚至有点孤独。没错，你肯定会觉得心里不舒服，甚至会责备我给你出了这样的"馊主意"，但是你知道吗？这正是因为我爱你呀，只有真正爱你的人才会在任何时候都顾及你的感受，尊重你的内心，把你当作自己一样地善待，否则这个人一定不是真的爱你，至少不够爱你。既然这样，你还留恋什么呢？甩掉一个不爱你的人，你就会距离真爱更近一步，所以没什么好可惜的。

我之前的一位女同事在这件事情上就做得非常漂亮。那大概是在2001年的时候，她刚刚参加工作，和她相好的那个男孩儿也一样，两个人虽然都在北京，但并不经常见面。你可能不知道，那时刚刚兴起用QQ聊天，她男友便有了QQ号码，这当然不算什么，但是他竟然背着我的这位女同事去与女网友见面了，而且一直都没有告诉她。直到一年多以后，他们聊天时男孩儿偶然提起，据男孩儿讲，当时他与女网友见面的确是因为在网聊的过程中产生了感情，甚至想如果见面感觉不错的话就和我这位同事分手，但是两人在商场地下的冷饮店里喝了一杯可乐，聊了一阵子后，他还是觉得网友比不上现在的女朋友。

但就是这样一件事情，而且已经过去一年多了，这一年多里，男孩子对我的这位同事也非常的好。可她还是决定同他分手了，她的理由就是"你不够尊重我"。说实话，听到这个小姑娘（她要比我小十来岁，所以一直拿她当作小女孩儿一样看待）这样说，我真是打心眼儿里佩服，对一个人来说，还有什么比"尊重"更宝贵呢？

当然，事情并没有那么顺利，那个被她甩掉的男孩儿心怀不满，对他的朋友甚至还到我们的公司里去说这个女孩儿多么的无情，多么的冷血，以期破坏女孩儿的名声。这的确在那几天，对那些不明真相的人发挥了一点作用，人们也感觉女孩儿有些过分。但这样的日子并没有持续多久，人们很快发现女孩儿依旧是一朵艳丽的鲜花，因为大家都看到了她是一个值得尊重的女孩儿，是个有价值的女孩儿。

你看，你如果遇到这样的所谓的"男朋友"是不是也不会再犹豫了呢？不要担心你会失落，那只是暂时的，而且是不值得的。也不用担心，其他的男孩儿会不再爱你，作为一个从青春年少走过来的老男人，爸爸敢向你保证，其他的男孩会想：像她这么自信的女孩儿，如果愿意选择我，那么就意味着我也一样是个值得尊重的人。

如果有一天你真的遇到了这样的男孩儿，那么不妨把他带回家，让他来见见爸爸。到时候，我一定会告诉自己，同他握手之前把写字时沾在手上的墨水洗干净。当然，我还会为他准备一桌饭菜，和他喝上两杯。

 听爸爸的话：

你可以爱得疯狂，但不要丧失理智，尤其是当你感觉自己不被尊重时，一定不要忍耐。这不是你向他乞求尊重，而是你在尊重自己。

让恋爱成为动力，而非阻力

也许是因为我有你这个十几岁的女儿的缘故吧，总是会对女孩子的成长多一些关注和兴趣。上下班的路上，总是经常看到中学生模样的男孩女孩勾肩搭背地在一起说说笑笑，很甜蜜的样子。这样的场景，想必你也早就见怪不怪了吧，在你的身边一定也有。

每个父母都是从青春期走过来的，我也一样，有时候回忆一下我自己的少男时代，就能理解现在中学生的这种情愫的萌发是多么正常。别说有些时候，只是男生女生之间的一点好感和激动，就算真的早恋我想我都能够理解。

可是，宝贝儿，你知道恋爱的力量有多大吗？我来和你说件有趣的事吧。住在我们隔壁单元的那个 4 岁多的叫静怡的小女孩儿你知道吧，因为你一向很喜欢她，说她漂亮可爱，只是现在你住校的缘故，与她见得少了。最近，你妈妈在同静怡妈妈聊天时，听到小家伙又生出趣事来，忍不住马上就向我做了"汇报"：

原来静怡的班上一个月前来了一名小帅哥，叫马小乐。马小乐比静怡大几个月，再加上是男孩子，所以在幼儿园里经常出尽了风头。这让静怡很是敬佩，并非常愿意和马小乐在一起，她感觉那是自己的荣耀。

一天，静怡回家对妈妈说："妈妈，我长大要和马小乐结婚。"静怡妈妈很爽快地答应了，但同时也提出了一个问题："马小乐也一样喜欢你吗？"

这句话似乎说到了静怡的痛处，小家伙一下子伤心了起来，说：

"妈妈，马小乐不喜欢我，他好像喜欢欣欣（一定是她们班里的女孩子），每次我都看见马小乐帮欣欣拿书包，还给欣欣好吃的。"小静怡大概真的伤心了，眼泪吧嗒吧嗒地掉，低着头，不知道如何安慰自己。

静怡妈妈便说："那你知道马小乐为什么不喜欢你吗？"

"他说我吃饭太少，太磨蹭。"

"是这个原因呀，那静怡不用担心了，你今后吃饭多吃一点，吃快一点不就好了吗？"静怡妈妈劝慰道。

事实上，静怡的确存在这个问题，她的妈妈不止一次跟你妈妈说起过。而这一次，竟然给了静怡一个"进步"的绝好机会。你知道吗？当静怡听到妈妈的话时，顿时两眼放光，用她妈妈的话说"像打了鸡血一样"，一下子兴奋起来，说："真的吗？那我以后一定要快吃，并且吃多一点。"

随后的事实证明，静怡的确为了得到马小乐的青睐而在吃饭上下了不少工夫，不仅吃得快了、多了，也不挑食了。我不知道后来静怡到底有没有得到马小乐的垂青，但她为了这个"恋爱"可是改变了不少。

怎么样？很有意思吧。可见恋爱这东西的确是个"魔障"，竟然让一个不谙世事的小屁孩儿那样的伤心流泪，可是，另一方面它又像是一位"神仙"，让小东西这样地努力向前。不管怎样，恋爱都是个法力无边的家伙。

你说奇怪不？我总是不由自主地把一些事情往你身上联想，比如看见一个中学生在吃饭，我就会想：哎呀，我家丫头吃饭了没？看见有小女孩儿下雨天没带伞，我也会想：我家妞儿没淋着雨吧。就连这次小静怡这点事我也还是想到了你：若是你也喜欢上了一个男生，会不会变得郁郁寡欢？会不会连上课的心情也没有了呢？

我想如果你曾经或者正在对某个男生动心，应该多少会有一些影响吧。首先来说，你可能会有患得患失的心情，可能总是想着：他也喜欢我吗？我够漂亮吗？他刚才是在看我还是看我的同桌呢？为什么他今天没来上课呢？……这种惴惴不安的心情简直是百爪

挠心。

也或者，你鼓足了十二分的勇气，揣着一颗怦怦跳动的心情（甚至可能还红着脸颊）将一块好吃的巧克力递给他，而他却毫不在乎地说："我不爱吃巧克力。"我敢肯定，当时你一定是想撞墙的念头都有，这还不算，恐怕今后的至少几天之内你都会为这件事而苦恼。

当然，你这么出色（至少在我这个当爸爸的眼里是这样），可能还会有不少男生主动向你示好，你会怎么办呢？是接受他然后一起进入早恋的行列，还是拒绝他然后先完成学业呢？

……

不管是什么样的情景，我想被恋爱（可能此时算不上恋爱，只能算是青春期的小冲动）困扰一定是有的。这就好像是唐僧西天取经要经历九九八十一难一样，恋爱也是我们人生历程中的一部分，谁都要经历。

有些人瞧不上"恋爱"这件事，说恋爱是苦涩的，其实那只是因为时间不对，就好比一个苹果，等到它成熟的时候你吃它，它必然是甜的，如果在没有长成时就吃它，一定是涩嘴的。恋爱也是一样，它本身其实是美妙的，当你在适当的时候遇到适当的人，你的恋爱就开始了，你也将感受到人生最美好的感情之一。它将带给你向上的力量，而不是颓废和苦恼。

我这样说，你可能还是无法完全理解，因为你目前的烦恼可能已经使你精疲力尽，你或许感觉自己已经没有力量再去接受或是拒绝什么，怎么办呢？别理它。如果为了恋爱而让你和他都走了下坡路，比如学习成绩下降、心情糟糕、睡眠质量下降等，那么这就不是一场真正的恋爱，最后的结局自然也就注定会失败。相反，如果为了一份感情，你能变得爱学习、讲文明，或者更加爱惜自己、懂得珍惜，那么我倒不会过于反对。

所以，当你感觉自己已经进入了恋爱状态时，一定要先想一想，它究竟是不是积极向上的，究竟是不是成为了你的动力，让你更加热爱生活和周围的一切。如果有朝一日，你遇到了这样一场恋爱，那么一定要牢牢抓住，别放手，这样的恋爱会让你一生都幸福。

听爸爸的话：

现阶段你是不应该谈恋爱的。所以，如果有个男生真的让你放不下，那就让他成为你的动力，更加努力地为着明天，而不是把一切都撂在今天。

你不喜欢他时

在我上学的这些年里,除了小学之外,总是不断充斥着男生和女生之间的各种"绯闻",对此男生大都嘻嘻哈哈、相互捶打几拳就算过去。但是对于女生来说,这可是砸坏自己"贞洁牌坊"的丑陋的石头。尤其是我上初中那时候,我们班里就有一名女生,为此闹得不可开交。这个女同学的名字我也已经记不太起来,隐约好像带一个"霞"字,就叫她霞吧。

用你们现在的话来说,霞可以算得上是我们班的班花,虽然那时候没有这么多花哨衣服穿,但她总是穿得干净得体,梳着漂亮的马尾辫,彩色的发带让她整个人看起来像一只翩翩起舞的蝴蝶。我敢保证我们班里除了马小亮对她毫无兴趣外(马小亮又瘦又小,我猜他当时还没有进入青春期),其余的男生都巴不得多看她几眼。这之中,当然也包括你老爸我,我也曾不止一次地寻找机会接近美丽的霞,甚至在脑海里自导自演过很多场与霞牵手、并肩回家、挨得很近地做作业的"故事片",但始终不敢越雷池半步,直到毕业都一直像对待女王一样毕恭毕敬。

只是我们的老大——班里年龄和个头最大的男生海权独具魄力,当他发现了霞的美丽后,勇敢地向霞发动了攻势。他先是在上学和放学的路上等霞,然后若无其事地跟她打个招呼,或说几句话,然后开始"不小心"撞到霞并一脸真诚地道歉,最后他终于写了一张小纸条塞到霞手里,就是这张纸条引起了轩然大波。霞觉得自己受到了莫大的侮辱,一路哭着跑到老师的办公室,把纸条交给了老师。

你完全可以想象得出，当时有多少同学都伸长了脖子等待着一场好戏。当然，老师对这种事情是绝对不能容忍的，于是请了海权的爸爸，而他的爸爸又是个暴脾气，当下把儿子一顿胖揍。鼻青脸肿的海权从那以后再也没有给霞塞过纸条，甚至都没有再和霞说过话。但是已经十几岁的男孩子，就这么当着全班人的面因为一个小丫头挨了揍自然是不肯罢休的，他理所当然地把这笔账算在了霞的身上。所以，以后霞隔三差五就会被海泉"不小心"碰到，最轻的时候也会"不小心"把霞的书本碰到地上。他还纠结男生们一起在霞放学的路上大喊"你妈的头，像皮球，一脚踢到百货大楼，百货大楼卖皮球，卖的就是你妈的头！"

现在想来，海泉的这些伎俩的确有点小儿科，但在当时却让霞受尽了苦楚。不知道霞有没有后悔当初自己那么大张旗鼓地跑到老师那里去告状，也或许她有一种更好的方式就不会给自己惹这么大的麻烦了。

如果这件事发生在你的身上你会怎么样呢？该不会像"贞烈"的霞一样弄得满城风雨吧。其实，有人迷上你、为你倾倒在爸爸看来倒是一件值得庆幸的事情，这至少说明我的女儿还不错。但问题是，他迷上了你，而你对他却没有一点心动的感觉，或是觉得自己根本不想考虑这件事，这的确是件棘手的事情。

有人曾经和自己不爱的男孩约会，并沉醉在对方给予的爱中，明明知道这不过是一种欺骗，也不愿意冒着失去他的危险告诉他实情。那么事情最终会变成什么样呢？一定是一团糟，女孩自己会被束缚住，心里既恐惧又内疚，不管经过多长时间都无法达到男孩的愿望——爱上他，所以还会有深深的挫败感。当有朝一日自己承受不了这样的压力，或者觉得这样的约会索然无味而将实情告知男孩后，他的失望、生气我们想也想得到。

这样一来，他受到的伤害会更大，并且还把自己也推进了原本可以避免的混乱当中。

那么，怎么办呢？我想最好的办法还是诚实。当然，霞也是诚实的，但那有些太傻了。我想你可以和他约一次会，选择一个安静

的咖啡厅或是学校操场的某个角落（这既能保证你们有效谈话，又能保证你的人身安全），目的就是用最美好的办法撇清你们的关系——你们可以成为很好的朋友，但不是恋人。你可以真诚地告诉他你对他是怎样的感受，比如只是喜欢和他聊聊天，或者有困难时想让他帮帮忙就像自己的亲人一样，甚至可以明明白白地告诉他你从来没有脸红心跳的感觉，所以这并不是爱。

另外，你也可以和他讲讲当前学习的重要性，畅想将来你们都能有所作为时互相见面该是多么美好。你还可以跟他说之所以这么诚实地告诉他是因为不想让他受到更多的伤害，是因为他在你心里一直都是可以信赖的朋友……

我想如果那个小子不缺心眼儿或是没有什么心理障碍的话，你这样柔和地和他说，他不但不会愤怒，还会更加对你心生仰慕。这种仰慕之情会远远凌驾于他所谓的"爱情"之上，你们可以像以前一样做要好的朋友，互相鼓励和帮助，直到你们完全长大。

当然，这些话从我的嘴里说出来显得很轻松，要你去做出来恐怕还要承担一些心理上的包袱，但无论怎样，当你面临这种状况是，爸爸要你记住以下几点：

* 永远都要诚实地面对自己的感情；
* 用不着因为辜负了他的爱而内疚，爱与不爱都是你的权利；
* 你没有义务必须回应别人给予的爱；
* 你有控制自己感情的权利，但你没有权利为了让自己舒服而利用或是欺骗别人的感情。

记住那句话，"己所不欲，勿施于人"，你希望别人如何对待你，你就要如何去对待别人。不过我并不排除你可能遇到了一个难缠的家伙，你可能极尽所能地很真诚地向他说明了情况，但还是摆脱不了他的纠缠，那就告诉爸爸，我可以找他谈谈，或许就能帮你走出困境了。

听爸爸的话：

爱与不爱都是你的权利，你只要忠于自己的感情就好。

第六章　恋爱，青春盛开的美丽之花

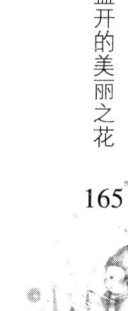

真爱是性的唯一理由

说起来都有点惭愧,我这个四十多岁的人,而且已经结婚并做了爸爸的人,一说到"性"的时候,竟然还是感觉有点不好开口。但是,我必须战胜自己,因为我一定要告诉你一些事情的真相,好让你免受其害。虽然我所掌握的性知识未必就比你多,但我想我比你有更多感触。

我最初接触到"性"的知识,已经是在初三的时候。初三的下半年,我们增加了一门叫做生理卫生的课,课本介绍了什么叫精子、什么叫卵子,也介绍了什么叫精卵结合。除此,还有男孩、女孩儿的第二性征等有关青春期的知识。可是,你一定想不到,这些知识都是我自己从课本上看的,不是老师讲的。

在那个年代,男生和女生说句话都会被视作"不正常",所以我那可爱可敬的生理卫生老师(女的)当然也羞于讲到这些,所以生理卫生课多数时候都是自习,老师半红着脸把相关的问题写在黑板上,然后让我们自己看,并把答案写到作业本上,就算是讲过了。

而我们这些小孩子呢?当然很想看看里面的内容了,但是当时那个心情啊,真的好像自己偷偷撩开了女生的裙子一样,心扑通扑通地跳呀。如果正好看的那一页上有插图,那简直觉得自己像犯罪了一样,生怕被同桌看见,使劲地拿手盖着,好像自己是个"正经人",不屑于去看那些"下流"的东西。

这大概就是我们那个时候对性教育的缺失,所以也导致我至今谈到性的时候也总是很谨慎。不过你们已经和我那时候完全不一样了，你们从小接触的东西已经比我们多了不知多少倍，这之中当然也包括有关性的知识，而且在课堂上，你们的老师也不再像我的老师那样"不负责任"。所以，从对性的了解上来说，你比我成熟得要早。

可尽管这样，一提到这个，我就总是忍不住想对你大声说："如果你不是个傻子，就最好别做那种事，什么都不用跟我讲，总之绝对不行！！！"宝贝儿，可别怪爸爸这么大声和你说话，因为你虽然可能从课本上或是其他的途径知道了有关健康或分泌的知识，知道了生命的产生和孕育是怎么回事，也了解到了性行为的种种可怕后果，但不要以为这就是性的全部。实际上，性的内涵远远比课本上所讲的性知识要丰富得多。

你应该也经常会看到"性爱"两个字是被捆绑在一起的吧，这说明什么呢？当然是说明性与爱是一个统一体，为爱而生的性才会带给人美好的感觉。当然我得承认，在这个物欲横流的时代里，有一些人的感情观很随性，怎么高兴怎么来。他们只寻求肉体的契合，完全不考虑爱情。可是，这样的人与那些三级片中的演员有什么区别呢？都不过是如同做了一场机械运动罢了。我想你肯定不想把自己当作一个机器吧，去做一些与自己纯洁的心灵相悖的机械运动吧。

是的，有一种情况很可能会发生在你身上，那就是你可能认为你和他已经有了真爱了，于是你们发生关系是顺理成章的，而且是因为真爱才发生的。但是，我必须得告诉你，任何人在青春期都会对异性产生懵懂的好感，尤其男孩，那不过是几种荷尔蒙在怂恿他而已，很难维持长久。别以为我在哄骗你，我也是从十几岁长大过来的，所以我了解那些毛头小子的一些真实想法，他们经常会故作老成，但思想依旧幼稚得要命，我想在这个年龄段，他们无论如何还无法承担起你今后的人生。

或许你还会认为和自己喜欢的人发生性关系，对方就会喜欢你甚至爱上你。这是不少男孩惯用的伎俩，而且常常会神奇地奏效，他们会对你说："你连这个都不肯，说明你根本就不爱我。"如果你也这样想，那可真是自欺欺人。想想看吧，如果男孩的目的仅仅是

性，那么在他和你偷尝禁果后他对你的兴趣就会大大降低。当然，他也可能为了经常和你亲密而想方设法在你身边多待一段时间，但是当他对性渐渐不那么好奇之后，你就会被当作啃剩的骨头一样丢弃到随便哪个垃圾桶里，而他则继续寻找新鲜的骨头。同时，你还可能被看作是一个随便的女孩儿，一个不正派的女孩儿，你可能觉得这不公平，凭什么两人的事情就只有女孩儿被认为是个"烂货"，而男孩却成了英雄。还有更不公平的事呢，那些原本想要和你认真交往的男生可能会因此而打住，原因很简单，任何男人都不喜欢自己的另一半是个随随便便就与人发生性关系的人，这会成为他们的奇耻大辱。这种不公平不是现代社会才产生的，而是自古就有了，那时候，女人如同男人的财产，如果不是处女就会被看作是一件"破损的物品"而遭人唾弃。

你也可能会把一些影视剧中的情节嫁接到你的情感当中来——那些节目中就常常有把感情和性割裂开来的情节。但事实上，那样的情节设计只是为了获得更高的收视率，就好像一些影片宣传时总是故意把最裸露的镜头印在海报最显眼的位置一样，他们是在追求一种纯粹的感官刺激，与爱毫无关系。人们看了这样的镜头，收获也只能停留在感官，而对自己的其他（比如精神、思想、修养等）方面则毫无意义。面对这些节目中的情节你无法看到，或者说那些节目并没有向我们展示（也不可能向我们展示）与性有关的爱，一种真正意义上的亲密感，也是性接触和性行为的唯一理由。

还有一点，假设你现在找到了能够与你相伴一生的人，性依然要谨慎。因为有一种观念，虽然你可能认为不过是我想阻止你提前进入"性时代"的借口，但毕竟是有科学根据的，那就是：避免早期性行为，更有利于将来的婚姻幸福。这一结论是建立在一项研究之上的，研究发现：性其实是一种探索和发现，是感官与心灵的追寻和深入。如果你和别人发生性行为时太年轻或是性行为太频繁，那么你的性魅力就会迅速下降。而性是一种力量，它以特殊的方式把你与你的爱人联系在一起，你一旦失去了性魅力，那么婚姻生活也往往并不顺利。

所以，爸爸从一万个为你着想的角度出发，要告诉你一句话：请你耐心等待，等你将一切看清，等你完全做好准备，能够把自己放心交给那个人时，再去体验更美好、更成熟的性。那时，爸爸绝不再啰嗦。

听爸爸的话：

寻找一次性经历比寻找一份美丽的爱的确要简单得多，但是丫头，当你面对性的时候，一定要想想，是出于真爱吗？

套好安全带，带好安全套

前些日子开车出去，听到交通台在征集广告词，内容是为了提醒司机和车上的乘客都能自觉系好安全带。有人说"请系好安全带，因为生命无法复印"，有人说"安全带，带安全"，也有人说"一条带子系着全家的幸福"……不知道电台最终选择了哪一个。

要说安全带的确是个好东西，虽然只是简单的一条带子，但是用上它却可以在很大程度上保证你的安全。比如，在力度不太大的撞击中，它可以避免你把头磕在前挡风玻璃上，如果撞击力度太大，那么它还可以协助将安全气囊弹出来，使你受到保护。

我曾经吃过一次亏，就是因为当时忘了系好安全带。那是大概两年前，去参加朋友的婚礼，出发时有点事耽误了一会儿，所以走时很匆忙，上了车便发动起来，踩了油门儿就跑，跑了几步，听见车内的提示音，但是怎么办呢，已经上路了，心想：走吧，等到前面等红灯的时候再系好了。但是，事情就这么不可思议地凑巧，我连续走了三个路口，都是绿灯。于是继续前行，结果在距离第四个路口300米左右的地方，一辆货车强行变换车道，我急忙刹车，结果头虽然没有磕到前挡风玻璃，但是胸腹部却狠狠地撞在了方向盘上。

当时我都以为我要去阎罗王那里寻差事了呢，好在没有大碍，只是软组织挫伤。但是想一想总是不免有些后怕，若是撞击得再猛一点，说不定我的五脏六腑都被挤碎了呢。所以，那天听到电台征集广告词觉得非常有意义，的确应该让每一个司乘人员都认识到安全带的作用。

说到安全带我又不由自主地想到了安全套，（人的大脑的联想力真是丰富得让人想笑，当然也可能是因为二者有点谐音吧）当然这主要还是牵扯到了你。最近几年，每年都有报道说，每当寒暑假过后，到医院做人流的女孩子就特别多。专家们认为，现在中学生们早恋早已超越了原来朦胧的异性相吸，开始动辄偷尝禁果。甚至有一位医生还爆料说，他在两年内竟然为同一个女孩子做过6次人工流产。

你知道听到这样的消息，我有多么担心吗？我生怕这其中也会有你，我的宝贝丫头，那将会对你造成多大的伤害呀。

对于我的惊恐你或许有点不屑（十几岁的孩子总是觉得父母爱大惊小怪），因为你在性教育课上（你们算是先进的，到目前为止大多数学校还没有开设性教育课）早就了解了安全套的前世今生，比如：安全套诞生于17世纪的英国，最初用小羊的盲肠制成，主要是为了预防疾病；现在的安全套主要由天然橡胶或聚亚安酯制成，作用是阻止受孕和预防性病。

既然如此，我和你提起这个让我觉得有点尴尬的东西干吗呢？因为爸爸知道，你已经进入了情窦初开的年龄，在这样美好的人生季节里，一切美好都可能会发生。这之中就包括性。性是美好的，然而如果不懂得把握度，性也一样会变成"罪恶之花"。

现在，对于十几岁的你来说，已经到了性发育的成熟期，在你与异性接触（尤其是肌肤之亲）时一定会有性的冲动，甚至失控也不是什么奇怪的事，这我理解，但关键是如何去对待这个问题。

以前在我们那个年代，与异性接触，有时就算是多说几句话，也被看作是有问题的孩子。所以，那时属于绝对禁止时期，这种方法的确有效阻止了早恋以及少女怀孕，但却压抑了心理（我就是例子，到现在说到性还是感到很尴尬）。在最近的几年，性观念逐渐开放，但也酿出了许多祸端，那么多女孩子去做人流就是证明。就你对人流的了解可能觉得人流并没有什么了不起，那不过是用手术的方法终止一次妊娠而已，但实际上人流手术对女性身心的伤害不可

谓不大。

首先你得清楚，它只能是作为避孕失败的一种补救措施，只有在不得已的情况下才采用的方法。虽然人流手术现在已经相当的成熟，但仍然可能导致子宫穿孔、卵巢早衰、小便频繁、尿路感染、膀胱炎、皮肤干燥、斑点丛生、内分泌紊乱、性格扭曲等一系列的问题，更可怕的是它还可能导致今后发生不孕不育，并可能殃及其他器官得慢性器官疾病（因为你的身体因为手术而变得抵抗力差了）。除了身体的伤害，我想最可怕的是心灵上的折磨，试想一下，当一个小生命在你的体内扎根，但是你不仅无法让它生存，还要亲自把它送走，这是多么残忍的事情。放下这些不得已不说，你觉得隔壁的快嘴张阿姨会不会在第一时间把这个大新闻广播到全世界去呢？我并不相信，你对于别人的指指点点会无动于衷，到那个时候，我的丫头，你得承受多大的压力呀。

一想到这些，我就总想跑到药店购买几只安全套放到你的书包里。你可不要自作聪明地认为我这是在纵容你去做那些傻事，我的真正意思是"你最好不要去做"。这就好比将士们披上盔甲不是为了被砍，而是为了保护自己一样。你看过哪个穿了盔甲的士兵，大无畏地对敌人说："来吧，我穿了盔甲，你们来砍我吧。"若有人真这样喊，那他一定是个神经病。这个且不说，就算是他穿了盔甲，敌人一刀砍下来，他也一样会受伤。

所以，我想让你带好安全套不过是为了将对你的伤害尽量降低而已。什么时候用呢？不是你一有冲动就把它拿出来，当你有冲动的时候，先告诉自己冷静，先把偷尝禁果的种种危害在脑袋里过一遍，我想这样应该能够让你降温了。如果这样你们还是无法降温，那么安全套就可以派上用场了，它至少不会让你背上"未婚妈妈"这个可怕的包袱。

就如同安全套最初设计的作用一样，它还可以预防一些性传播疾病，比如艾滋病，你们的性教育课一定讲过吧，那是一种因感染人类免疫缺陷病毒后导致的免疫缺陷，可并发一系列机会性感染及肿瘤；也就是说当艾滋病毒侵入我们的身体后，我们将有患上任何一种感染性疾病的可能,这是多么可怕啊。

因此,就像爸爸说的那样,为了你的人身安全,一定要记得套好安全带,带好安全套。

听爸爸的话:

不要把安全套当作保护神,它只是权宜之计,保护自己最好的方法,就是记住爸爸大声对你说的那句话:绝对不要做。

第六章 恋爱,青春盛开的美丽之花

爸爸给你安全约会的3点建议

约会听起来就是个让人着迷的词儿,到了十几岁之后,大概每个人心中都向往着一场属于自己的约会,你也一样吧,丫头。没错,约会是多么美好的事情啊,和自己喜欢的人在一起或谈天说地,或观花赏月,或小吃闲聊,也或者什么都不做,只静坐不语也是一种令人向往的境地。

所以,如果有一天,你对我说:"爸爸,我今天有个约会。"我想我一定会替你感到高兴,因为有一份美好的感觉将要属于我的女儿,我一定会为此有点小小的兴奋。当然,这得是在你听从我的3点建议的基础之上。

首先,你得保证你约会的男孩仅仅是因为你真的喜欢他们,而不是为了别的什么。这听上去似乎有点蹩脚,但事实上的确有不少女孩子并没有遵守着最起码的一条。仔细想一想,是不是你看到过许多女孩儿与异性约会并不纯粹是为了感情,而是看中了对方的汽车、钞票或是其他成百上千种理由中的一种。事实上,如果你与某个男孩子约会仅仅是因为他们出手阔绰的话,那就太让我失望了,因为这表明你一点都不聪明。你有没有想过,当你把金钱看作是情感的基础时,你自己在这份感情当中或者说在对方的眼里也就成了一件商品了,如同一个MP3、一串手链、一顿晚餐、一件衣服,不管多么昂贵,你都成了可以替换的商品了。这个概念说实话不是我"原创"的,而是从我的一个朋友那里学到的。

朋友的女儿考入了一所名牌大学,每月给女儿600元的生活费,不算多也不少，正好是她们宿舍的平均水平。

一个月后，朋友去银行给女儿的卡上存钱，先打电话问："600元够不够。"

女儿回答："够了。"

朋友放心了，又嘱咐说："想买什么就买什么，别亏了自己，也别和老板的女儿比，和你们屋里中等水平的同学保持一样就行了。"

女儿听了，犹豫了一下，说："爸爸，我们宿舍的娇娇和我一样，每月的生活费也是600元。但是她每天都有很多零食吃，每周都去一次麦当劳，有时候还去必胜客。"

朋友一算，觉得600元根本都不够花。于是，问道："她是不是去打工了，你不要为此耽误学习。"

"她没有去打工，是在谈恋爱。有一次她约会回来对我说，其实她不喜欢那个男生，只是喜欢他替她掏腰包而已，我们班上还有几个女生也是这样。她们还说我太傻，白瞎了这张脸，如果她们长得像我这样漂亮的话根本不用向家里要钱……"

朋友愕然。放下电话立刻给女儿的卡上存了700元钱，又回家给女儿发了一封邮件：

> 亲爱的女儿，从这个月起，我每月给你增加100元生活费，你可以用它来买零食、去麦当劳、必胜客……但不管什么时候，记住一定要用自己的钱埋单。这才是有质量的生活。另外，如果你开始喜欢某个男生，或者开始谈恋爱，那么一定要告诉我。我会每月再多给你100元，作为恋爱经费。请你一定要记住，每次约会，不要忘了带上你的钱包。

当我听他说这件事的时候，我觉得他真是天底下再好不过的爸爸了，所以我也会向他学习。而你呢，丫头，也要记住不要把自己弄得像商品一样，因为你是不可替换的。

其次，你要与之约会的人最好是与你年龄相仿的男孩儿。女孩子与男孩子相比总是更缺乏安全感，所以女孩更喜欢那些成熟的人，

因为他们身上的成熟、自信会让女孩感到安全，并且他们更会哄女孩子开心。这的确是事实，那些愣头青往往做事莽撞，在女孩子面前远没有这些成熟人更有魅力。

但是，爸爸得告诉你，男女的交往，并不仅仅是你从他那里获取公主一般的待遇，或是去寻找父爱的影子，而是应当彼此分享、交流经历和体会，需要彼此有相似的兴趣和目标才能互相学习和促进，你们的情感之路才能走得长远。你可以设想一下，你同一个比你大10岁的人约会的情景：当你和他谈论一部你喜欢的动画时，他鼻孔朝上说你是小孩调调；当他谈论他的工作时，你却插不上一句话，或者你刚一开口，他边说："你一个小毛丫头，知道什么呢。"我想用不了几次，你们就会觉得没意思了。与其约会几次后再分手，倒不如一开始就别浪费时间的好，你说呢，我聪明的宝贝儿？

第三，虽然这一条放在了最后，但却是最重要的一条，那就是你要确保你在他的心中有价值。什么意思呢？就是无论他要说什么、做什么，都要先考虑你，而不是无视你的存在而自作主张地拿主意或是信口雌黄。

或者我可以再说得具体一点，比如：如果他认为与你交往就是对你的恩赐，而根本不拿你当回事儿，那就立刻甩掉他；如果他强迫你做不想做的事情，那就立刻甩掉他；如果他们没有经过你的允许，随随便便地抚摸你，那就立刻甩掉他……

当然，有关约会的事情还有很多，绝对不是我三言两语就能描述清楚的，你如果觉得自己处理起来困难，或是想不明白，那就告诉爸爸（当然，妈妈也可以，不过她最终还是会和我商量的）；如果你不愿意告诉我，那就告诉老师，或是姑姑、姨，或是你的表姐、表哥等人，或其他任何有经验的人，正所谓"集体的智慧是无限的"，我们总能帮你处理好这件事的。

听爸爸的话：

虽然我给了你不少建议，但对于约会这件事，你还是要谨慎，不要随随便便就去约会。

第六章 恋爱，青春盛开的美丽之花

第七章
理想，提升你在男生心中的地位

　　享受青春快乐的时光是所有人的愿望，作为父亲，我也希望你过得快乐而轻松。但是，丫头，你知道吗？无论什么时候都要有一个理想，这样你才不会迷失方向。当你朝着理想的方向，坚定、自信、乐观地努力着的时候，我想也是你在男生心中地位最高的时候。

行动前先确定你的目标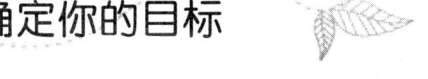

在一个大森林里,有三只猎狗正在追赶一只土拨鼠。就在土拨鼠几乎无路可逃的时候,突然路边出现了一个树洞,土拨鼠灵机一动,"跐溜"一下钻了进去。

这个树洞就只有一个出口,所以三只猎狗想:就在这等,不信它不出来。可是,不一会儿的工夫,从树洞里钻出来一只兔子。兔子见三只猎狗在树下,害怕极了,迅速爬上这棵大树。

事情又发生了,上了树的兔子,由于太过惊慌没有站稳,掉了下来,结果恰好砸晕了正仰头向上看的三只猎狗。

最后,这只可怜的兔子终于逃脱了。

故事讲完了,有什么感觉?看起来有点乱七八糟对吗?你认为这个故事有什么问题吗?之前我给不少人讲过这个故事,他们也都听出这个故事有不合理的地方,于是给我的答案有:

1. 兔子根本不会爬树。
2. 兔子怎么可能掉得那么准砸死了猎狗?
3. 一只兔子才多大,如何能同时砸晕三只猎狗呢?
4. 兔子比土拨鼠小很多,兔子洞土拨鼠怎么能够钻进去呢?……

现在,我很想知道你会有什么想法呢?你能否一针见血地指出故事的问题在哪儿吗?让我来告诉你,你应该想到的是:土拨鼠哪里去了?其实,很多人都没有想到这个问题(但我希望你能够想

到)。这说明什么？说明很多人都没有一个明确的目标，或者说虽然确立了目标，但是却被中途出现的"兔子"给打乱了。结果，从头忙到尾，还是一无所获。

一个明确的目标可以让你有所适从，让你心寄有所，并能指导你的行动。而那些缺乏目标的人就像地球仪上的蚂蚁，看起来很努力，但却永远到不了目的地。这在我上中学时就有所感触了。

那是学校举行的一场小型马拉松比赛，距离是5000米。当选手们跑到最后的2000米时，跑在最前面的两个人已经逐渐甩开了后面的人。但是5000米的距离对于一群高中生来说已经是非常的不容易了，两名前面的选手此时也已经消耗了非常大的体力，但是他们依然坚持着向前跑。然而天公不作美，此时竟淅淅沥沥地下起雨来，这给比赛增加了不少难度。

跑在最前面的一个人，依然在拼命地跑着。虽然雨水和汗水已经湿透了他的全身，虽然道路湿滑他几次险些跌倒，但他丝毫没有不理会，他始终用余光看着位于第二的人，心想：只要压着他别超过我，我就是第一名了。

和他一样坚持的还有跟在他后边的位于第二的人，但不同的是，这个人的目光始终向前，虽然雨水模糊了视线，但是所有的人都能感觉得到他的心始终在注视着目标。

奇迹就在这个时候出现了，就在快要到达终点的时候，两个人都几乎到了筋疲力尽的程度。第一个人向后看了一眼，另一位选手依旧在自己的身后，于是心里觉得踏实了。但是，第二个人却猛然发现终点处摆动的旗帜透过雨雾隐约在向他招手。于是，一瞬间，他突然加速，迅速超过了第一个人，跑到了终点。

第一个人因为没有看见目标，所以在就要成功的时候反而被后来者追上了。而第二个人由于始终怀揣着目标，所以他发现了目标，于是瞬间爆发夺得了冠军。你看，这就是"目标"的力量。在你大展拳脚之前，你得先确定自己的目标才行。

有很长时间都没再和你谈论目标了，我只记得你初中毕业时和我说过，以后想要做一名出色的服装设计师，也不知道你自己还记不记得，或者你现在又有了新的目标。这也没什么，毕竟你还只是个孩子，而且周围的环境也在不断变换，"朝令夕改"我也用不着太过着急。

但是，丫头，爸爸不得不说的是，你最好把目标确定好，然后再开始行动。否则的话，你想想看，你没有目标就必然没有努力的方向，没有方向你就会像无头苍蝇一样（这个比喻虽然不怎么样但是很形象）四处乱撞。你知道，人的精力是有限的，你在这儿花费了时间，那就自然要减少在那儿的精力，这个简单的加减法相信聪明的你一定能够算得清。

那么现在就请你静下心来，想一想，自己之前的努力是不是都有一个目标呢？还是一切都只是稀里糊涂地蛮干呢？如果你做任何一项行动前都有一个明确的目标，那么我真是应该选一家上好的酒店去庆祝一下，因为这样的你将来一定能够做成一些事情，不一定出人头地，但至少不会让我操心。如果你感觉自己一直以来都有点迷茫，或者说自己做事总是没有什么打算，那也不要紧。从现在开始听爸爸的话，为自己确立几个目标，比如，旅游出发前先想好要去什么地方，要参观哪几个景点；逛街之前，先想一想自己要买什么？你找一位朋友聊天时，想要说些什么内容？……

你可能觉得这样的想法有点多余，甚至不切实际，你可能会反问我：旅游时随处都可以是风景，干嘛先打算好？逛街时看到什么喜欢的再决定不也一样吗？和朋友聊天也要先想好内容，这不成了谈判了吗？我想你的这些疑问都有道理。但是别急，如果你能够按照我说的去试着做一两件事情之后，你会发现，这样可以提高效率，并更容易让你达到目的，有所收获。

这就像我们射击时要瞄准靶心一样，虽然瞄准了靶心也不一定每次都能命中，但这至少比闭上眼睛盲目射击更接近靶心，对吧？许多人之所以浑浑噩噩一辈子，就是因为没有真正的目标。这样的人就好像在黑暗中爬行，就算累死，也永远不会找到生命的曙光。

183

 **听爸爸的话:**

　　当你有了目标后,你就会不自觉地全力以赴去实现它,并因此更接近成功。但如果你总是当一天和尚撞一天钟,那你也就只能"撞钟"了。

理想最需要的是迈出第一步的勇气

至今都不能忘记你学走路时的样子，每次想起来都让我觉得发自心底地快乐。说起来你还真是个结实的胖丫头，你8个月时就已经25斤了，小脸蛋儿上的肉鼓鼓的，有几次你侧身睡觉时，脸蛋儿都紧绷得有些发亮，真是好看极了。

不过，你虽然胖，但是活动并没有受到限制，比起同月龄的孩子，你的发育可是很超前的。（妈妈一直说是因为她坚持给你吃母乳的功劳，为了让妈妈高兴，我也一直认同这个观点。）8个月的时候你已经能够很快地爬行了，那时专门给你准备了一个大垫子，放在地上，让你尽情地爬。可谁知道有一天，我们一个不留神，你竟然扶着凳子站了起来，并开始走动。

之后，我和妈妈就彻底把心提到了嗓子眼儿，因为生怕你走不稳摔倒，磕着你那聪明的脑袋瓜儿。尤其是茶几和电视柜，都是有尖角的，是绝对的重点看护区。要是搁在现在就好了，我听说有一种塑胶的很软的防撞角，贴在桌角上至少可以保证不会把孩子磕破。就这样，我和妈妈提心吊胆地度过了3个月，奇迹终于发生了。

我记得非常清楚，那是你整整满11个月的那天，是个周末，我和妈妈给咱家进行大扫除。于是，没有把你抱在怀里或是哄你玩玩具，你倒也乖巧，一个人扶着沙发来回来去地走，我们每隔几秒钟看你一眼，你还是自顾自地走着，或是用小手抠抠沙发垫上的花，或是一手扶沙发，一手去捡自己的玩具；由于正在出牙，哈喇子把你的围嘴儿都弄湿了一片，而你依旧毫不理会，任那哈喇子像电线

一般被你的小嘴拽来拽去。我和妈妈被逗得哈哈大笑，你也懵懂地跟着咧嘴笑，哈喇子便流得更加猖獗……

可就在我们笑得一眨眼的工夫，你竟然两只手都离开了沙发。现在你看来，这可能不是什么了不起的举动，但在那时我和妈妈的眼里，这简直就是天大的事情。这意味着你将要学习独自行走了，而不是扶着沙发或是椅子。我想我无论再怎么描述，你都难以想象我和妈妈当时激动的心情。我们立刻扔下手里的墩布，以冲刺的速度在距离你大概1米的地方停了下来，因为我们想让你自己走过来。

这对你来说可是一个大挑战，你知道吗？当时你是很惶恐的，这从你当时的表情上可以看出来，你的表情很严肃，不笑也不哭，不去转身扶沙发，也不坐在地上，只是愣愣地站着，看着我们。我不是你，我像你这样大的时候有什么想法现在也早不知道了。但我能感觉到，当时你自己也一定很纠结，大概是在和自己作斗争吧。

就这样僵持了有两分钟，任凭我和妈妈怎么叫你过来，给你拿什么好吃的、好玩的，我们还像两只大老鹰一般张开双臂，等你跟跄着扑进我们的怀里，可你就是站在那里不动。我和妈妈还在开玩笑说："宝贝儿一定是在思考究竟先迈左脚呢还是先迈右脚呢？"然后，你好像是鼓足了勇气，终于迈出了你人生的第一步，虽然这一步并不大，而且你在刚刚迈出后就开始摇晃起来，并最终在跟跄了两步之后一屁股坐在了地上，但这却是你成长过程中的一次飞跃。

我们扶起你来，亲了又亲，一个劲儿地吵吵着："宝宝会走了，宝宝会走了。"虽然这一次你只走了两步并摔了跟头，但你从此便开始了走路的生涯。我们把你再一次放到刚才站立的地方，然后远离你1米的距离，逗引你前进，这一次你没有那么犹豫，只停留了几秒钟便开始迈步向前走，并歪歪扭扭地扑进了我们的怀里。接着，一次，又一次，你不再犹豫，并有意识地自己松开扶着的东西，摇摇晃晃地走起路来。

怎么样？没想到吧，你当时就是这么迈出自己人生第一步的呢。

其实，很多事情都是这样，有时候我们失败不是我们没有能力，而是我们根本就没有迈出第一步。就像你一直都听说的那句话一样

——万事开头难。可是,凡事总得有个第一次呀,如果总是不敢迈出第一步,那不就得一直原地踏步了吗?自己的理想再美妙又有什么意义呢?你说对吧,丫头?

事情都是"做"出来的,你不妨仔细想一想,平日里我们是不是总说"做事"?是不是总会说"这事做得好"?我们做事之前总是要先想好,当我们经过冥思苦想,总结出了一套无与伦比的理论时,或者说我们终于思前想后确定了自己的理想后,就会有两条路摆在我们面前:

一、守着这个完美的思想自我欣赏,当然一段时间之后,思想还是思想,绝对不会有任何进展;

二、迈出第一步,用行动把这个完美的思想呈现出来,并等待意想不到的收获。

对于这两种结果,你会选择哪一个呢?我想你一定会和爸爸选择同一个的,对吗?一定会的,是的,我相信你,丫头。

听爸爸的话:

说实话,爸爸不敢保证只要你迈出第一步就一定能顺利实现自己的理想,但我敢保证的是,如果你不迈出这一步,就一定无法实现你的理想。

男生会抛弃你，理想永远不会

爱情真是个神奇的东西，任凭你是谁，只要陷入爱情就常常会变得神志不清，尤其是女人，总以为嫁个如意郎君此生就算万事大吉，以后就可以衣食无忧，幸福女神就会将大把大把的幸福都塞到自己的手里。但是，男人就不会这样，他们更愿意一切都要靠自己来创造，只有傻瓜才会等待爱人给予自己幸福。

这是为什么呢？我想这可能是由于女孩比男孩更缺乏安全感。一想到这个，我就替你们这些可爱的女孩子气愤，你们怎么能不缺乏安全感呢？想想看，在大多数情况下，女孩需要面对的评价总是要比男孩苛刻，就连你自己是不是也经常被这些问题困扰呢？比如：我足够吸引人吗？我的皮肤够白吗？我的衣服看上去得体吗？我是不是又发胖了？我头上的绿色蝴蝶结适合我吗？他们会说我是个疯丫头吗？……但是，你很少听到某个男孩子向人问"你觉得我是不是应该再瘦一点呢"这样的问题吧。

人都有一个"利己"的潜意识，就是总是会不由自主地想让自己过得更舒心，所以当女孩无法在周围的环境里找到安全感时，就会不由自主地到男人那里去寻找。这样一来，女人就会把自己的终身都托付给男人。

先不说结婚嫁人，那是以后的事，就目前的阶段来讲，你可能只需面对一个男生、一份感情而已。可是，你现在仔细想一想：男生真的可靠吗？你时时牵挂的那个楞头小子能够一辈子对你不离不弃吗？如果你的回答是肯定的，我得劝你重新考虑一下；如果你的回答是否定的，或者是模糊的，那么赶紧给自己树立一个理想吧。

不过，丫头，我这样说并不是要教你不相信爱情。爱情是人类最美好的感情之一，是每个人一生都应该经历并追求的感情。但事实的情况是，我们的确无法保证一个人能够永远对我们好，永远不抛弃我们。

就像你老爸我一样，在上大学的时候幸运地加入了恋爱大军，并且我们恋爱了两年，这在大学里已经算是很长久了。你想想，对于青春年少的我们来说，那样纯真地对待感情，彼此亲密地相处了两年，这得需要多么大的缘分（现在想来有点可笑，但当时我的确认为这就是缘分）啊！我一直都在想我们一定能够走进婚姻的殿堂，我甚至都对将来的婚礼策划了好几种方案。可最终的结局是什么呢？放在这来说，你当然能够猜得到——分手了。那个女孩觉得我太幼稚，实际上我隐约也感觉到她已经有了新欢，就这样我"毫不费力"就被抛弃了。

你看，年轻的爱情是不是有那么一丁点儿的不牢靠呢？如果那个混蛋小子真的"有眼不识金镶玉"把你扔下不管了，我想你一定会伤心地痛哭，这是肯定的，因为我的丫头是那么善良，你当时一定会对他一心一意地好，可是他却最终选择了放弃，去追求属于他的另一份幸福。

可是，你怎么办呢，我的宝贝？就站在原地使劲地哭吗？这当然没有任何作用，只能让你自己变得越来越弱，而且越来越缺乏安全感。我在很多地方都看到过这样的文字：当你感觉心情不好时，最好让自己有事可做。至于做什么，我想那些零七八碎的小活儿，比如洗个澡、剪个头发、写一篇日记等都没有办法让你彻底从失恋的痛苦中走出来。

那么，我们来设想另一种情况吧，设想你已经为自己树立了一个理想，就还拿你原来的理想来说——想要成为一名出色的服装设计师。为了实现这个理想，你会安排计划你的时间，比如自己的成绩要提高，为此你需要有更多的学习时间；同时，你从现在开始就得培养与服装设计相关的基本技能，如绘画、空间感、创新等，当

然，除此之外肯定还有很多需要你去学习和揣摩的地方。这样一来，你就不会把自己的全部精神都寄托在那个男孩身上。也就是说，你有属于一块无需他人就能够独立支撑自己的精神空间，当那个不知好歹的小子把你扔下时，你就不会觉得自己失去了一切，因为你依然有事可做，且有事要做。

我还看到过哈佛大学曾做过的一次关于人生志向的调查，这个调查与爱情没有关系，但结果我想很值得推荐给你：在被调查的人中，有3%的人有自己的理想，后来他们几乎都成了社会各界的精英、行业领导；有10%的人只有短期的目标，后来他们在各个领域都做得比较好，属于社会的中上层；有60%的人对未来方向不明，他们成了大众群体，平淡无奇，属于社会的中下层；另外还有27%的人没有任何志向，他们后来生活得很不如意，工作、爱情都不顺心。你看，人的理想对于一个人的成功多么重要啊。

当然，作为父亲最大的心愿是希望你一生都能健康、平安、快乐，而不是成为什么了不起的人物。我想让你有自己的理想的目的也不是指望你将来一定成为女领导人、女企业家、女富豪、女名人等等，我只是希望除了感情，你还有事可做，至少当你在感情遭遇挫折的时候还有理想在你的身边，不至于让你对生活失去希望而已。

在一期电视节目中，我偶尔看到上面说：爸爸是女孩的人生教练，要从小对女儿进行理想教育，给女儿最漂亮的衣服、最好玩的玩具，不如给女儿一颗冠军的心。这让我很惭愧，因为你小的时候，我还没有看到这期节目，所以只知道给你买漂亮的裙子和会说话的洋娃娃，并没有注意培养你的理想。

但是，你的童年已经过去了，我就是悔青了肠子也没法从头来过了。那么，你能不能答应爸爸，让我从现在开始弥补呢？为此，我们需要分别努力，我要允许我的丫头自命不凡一点，允许你雄心勃勃一点，并学着用完全开放的态度培养你、激励你。而你呢，只要做一件事就够了，那就是树立一个理想。你会帮助爸爸来弥补的，对吗？一定是的，因为爸爸爱你，你也爱爸爸。

听爸爸的话：

  我一直觉得在你结婚之前我才是你最坚实的依靠，但事实却是：只有自己的理想才能带你走出泥沼，我不过是一个为你擦去淤泥的守护者。

第七章　理想，提升你在男生心中的地位

你想要的东西，要自己努力去争取

小姑和我虽然是一奶同胞，但是性格却截然不同！这可能是因为她是爷爷奶奶最小的孩子，所以一家老小都对她十分宠爱的缘故。但不管怎样，她就是比我敢说话、敢表达。

记得我刚上高中那会儿是在县城，所以要离开家住校，每个月回家一次。那时，她还小，我第一次回家，她就搂着我脖子问："哥哥，你给我带东西了没？"我很不好意思地说："没有，下次一定带给你，你想要什么啊？"

"什么都行，好玩的、好吃的都行。"小姑一点也不挑剔。

我又问："什么是你说的好玩的、好吃的？"

她支吾了半天没说出来，撅着嘴说，反正就是要好玩的、好吃的。

从那之后，我每次从学校回家的时候，都会给她带点小东西，有时候是个小手绢、有时候是个小发卡，或者是几块糖、一些小点心……她每次都高兴得不得了。一直到我上大学这个"习俗"都在沿袭，但是有一次走得太匆忙，忘了带了，但是小姑对我依然有期待。看着妹妹期待的目光，我说："这次有些急，没带东西，下次行吗？"不过，小姑不想等下一回，她说："下回是下回的，这次你给我买一盒巧克力吧。"我爽快地答应了！这是她小时候的事情。

其实，在我小的时候，对家里人也是有期待。那时我的三叔是家里面最有本事的人，他在城里做买卖，虽然铺面不算太大，但是每次回家也算是衣锦还乡了。每年我三叔都回老家过年，那时候只有四五岁的我总是特别希望他回来时能带点东西给我。但是在从五岁到十五岁,十年的记忆里,我三叔就只给我带过一次玻璃球,一共有 10 颗,玻璃球里面的彩色的球心每个都不一样。记得当时我为此快乐了大半年。然而其他的时间里,就只有漫漫的期待了。我总是怀着期待等着三叔回家,但却总是落空,然后又期待下一次,一直到我 11 岁,我三叔就只送过我那一次东西,也就是现在早已不知道散落何处的玻璃球子了。

后来,我渐渐长大,开始外出求学,小姑一次次地主动向我要东西,而我也总是会让她得到满足。看着她高兴的样子,我就在反思了……

为什么小姑的童年得到了那么多她喜欢的东西,而我却只有几只玻璃球呢?我想最直接的原因就是因为她敢开口向我要那些她想要的东西,而我却只是一味地等待。可不就是这样嘛,你还记得让我们笑得前仰后合的电影《月光宝盒》里面的经典对白吧,来,丫头,让我们来回顾一下:

……

唐僧:悟空,你怎么可以这样跟观音姐姐讲话呢?

悟空:哗!不要吵!

唐僧:你又在吓我!

唐僧:喂喂喂!大家不要生气,生气会犯了嗔戒的!悟空你也太调皮了,我跟你说过叫你不要乱扔东西,你怎么又……你看我还没说完你又把棍子给扔掉了!月光宝盒是宝物,你把它扔掉污染了花花草草也是不对的!

……

唐僧:干什么?

悟空:放手!

唐僧:你想要啊?悟空,你要是想要的话你就说话嘛,你不说我怎么知道你想要呢,虽然你很有诚意地看着我,可是你还是要跟我说你想要的。你真的想要吗?那你就拿去吧!你不是真的想要吧?

难道你真的想要吗？……

悟空：我 Kao！

……

在这一段对白里面，唐僧的那一段啰嗦最终成了经典，不仅成了人们茶余饭后的消遣，也实在很值得我们来思考一下。很多时候，我们都没有必要把事情想得太麻烦，比如你可能觉得我和妈妈对你说教得太多，你心里有怨气，但是又觉得不能，爸爸妈妈也是为了自己好，所以总是不告诉我们实情，结果我们会一如既往地唠叨，而你则日复一日地郁闷，这有什么好处呢？倒不如你明明白白地说：你们别说了，这些我都知道了，我知道该怎么做。或许我们就恍然大悟，明天早晨一起床，你就听不见我们"嗡嗡"了。

也或者你想成为班干部，那么你不能只是坐在座位上等待老师或是同学们发现你的优点，你得自己行动来得到他们的认可，比如：你需要努力学习，成为班里的学习骨干；你还要和同学们走好关系，让大家都喜欢你（至少不能反对你）；在班里有活动的时候，你得积极参与，让大家看到你的能力……这样，大家才能慢慢地认可你，那么到选举班干部的时候，你才有机会。反过来，你也可以假想一种情况：你什么都不做，班里的大小活动都等着别人来指派，从来不向着班干部的方向努力，那么在大家的眼里你也就永远是一个"小兵噶"，"班干部"这个馅饼也就永远不会砸到你的头上。

原因是什么？你没有争取。

所以，不管什么时候，都不要期待别人给你什么，你要自己去争取，就象你小姑一样去要！而不是像老爸当年一样傻乎乎地等。知道了吗，丫头？从远古开始，人们就一直对其恭恭敬敬的那位叫"老天"的"爷"（爸爸可不是在宣扬迷信，你这鬼丫头可别拿这个来跟我说事），他是没有时间去猜想你想要什么的，就算他猜到，也不会因此就给你，他得看看你是否真的想要，而他判断你是否真的想要的标准，就是你是否自己努力去争取。

当然，这位"爷"对于你的努力未必都会成全，但是如果你没有努力争取，那他一定不理你。

听爸爸的话：

　　丫头，你要记住这句老话——没有付出就没有收获，你想要的东西，只有自己努力争取才有希望得到。

第七章　理想，提升你在男生心中的地位

借口，让你失去男生，更丢掉了理想

现在就安静下来，仔细想一想你有没有过这样的经历：
当同学要你帮忙时，你借口说："对不起，我没时间……"
当老师给你任务时，你借口说："我不行，我没做过……"
当考试没有考好时，你借口说："这道题，我只是大意了……"
……

如果你从来没有找过这样那样的借口，那爸爸可真是太高兴了，因为我的丫头将来一定能顺利做事，并能够有一个幸福的归宿。当然，你的回答也很有可能是肯定的，也就是你也不止一次地找过各种借口来推托一些事情。如果是这样，爸爸也不会因此而不高兴，你只要听爸爸唠叨几句就好了。

其实，我相信每个人都百分之百地为自己找过借口，不过有的人总是找借口，有些人只是偶尔找借口。可是，你知道吗？借口这个东西就如同糖一样，每次吃都会觉得很甜、很好吃，吃个几次倒也不会对你有什么大的影响，但是吃多了就不行了，牙齿就坏了，你就再也不能吃东西，不能吃东西了，那么这个人也就完了。

说借口是糖，是因为它能够成为弱者的托辞，有了它，能做的事也可以不能做，能做好的事也可以做不好。如果总是这样，那么最后的结果就是，什么事也做不好，而且自己还觉得心安理得。因为你总是能找到一个借口为自己开脱，比如：考试没及格，你就说："我上周感冒了，不少课程都没听好。"你说话不慎，惹恼了自己的朋友，你又说："谁都会那样说的，只是她小心眼儿罢了。"其实，这都是借口，是托辞。一个真正内心强大的人是绝对不会讲太多理由的。

我国著名的"杂交水稻之父"袁隆平你应该知道吧，（我记得是我在上中学的时候语文课本上有这么一课来着，你们的课本应该也有吧。）他曾一直努力地研究杂交水稻，而且还一度取得了不小的成就，但是文化大革命期间他却受到了牵连，他所有试验的坛坛钵钵都被弄得稀巴烂，所有的东西都被毁掉了，他的心血几乎在一夜之间都化为乌有。此时的袁隆平大可以放弃，他大可以说："现在我连工具都没有了，绝对研究不下去了。"但是他没有，他没有找任何借口放弃自己的理想，而是重整旗鼓，继续努力，坚持不懈，并最终取得了成功。

爸爸倒也不是指望你能成为袁隆平一样的人物，只是希望你能够坚持自己的理想，一步一步走下去而已。如果面对自己的理想，你总是拖泥带水，找各种各样的理由，这也不行，那也不行，那么最后你的理想只能是理想，永远没有实现的时候。

我知道我要是总和你谈论理想啊、学业啊、前途啊等等东西的时候，你就说我是唐僧转世，我也知道你不爱听这些，所以我们来谈谈你感兴趣的男生的问题。现在不少电视剧，尤其是那些青春偶像剧里总是把女孩子都演成"野蛮女友"，而且男生还乐此不疲地追啊、哄啊，像是自虐狂一样，看着都让人觉得太假，反正我是看不下去。

当然，你们这些女孩子肯定看得倍儿过瘾，但是你知道吗？那些电视剧实在是太误导人了，任何一个男生都无法长时间忍受一个女生那样对待自己，就算是自己再喜欢也早晚得说"GOOD BYE"。你自己想一想，假设有这么一个人总是找各种借口对付你，你的感觉会怎么样呢？我们来设想一次约会吧。

你提前10分钟到达约会地点，左等右等，半个小时后，那位男生姗姗而来。

"这么晚才来呀。"你有点嗔怪。

"我以为20分钟能到呢，没想到用了50分钟，这破交通，真应该好好治理一下。"男孩给出了解释。

"你不是说要给我带一个冰淇淋来吗？"

"这不是为了能早点到嘛，所以没去买。"

"那你还说昨天要去商场给我买一条围巾呢？"

"我想还是等有时间了咱俩一起去吧，我怕买不好，你不喜欢。"

……

再以后的事情先不用说，就这么一小会儿的工夫，你是不是已经对这个男生感到失望了呢？他找来这么多的借口搪塞你，你也感觉到了吧。先不说男生不喜欢女生找借口，我现在想要先和你说的是，如果你遇到了这样一个男生，你转身就走好了，连唾沫都不要和他浪费。可是，"己所不欲，勿施于人"的道理我想你一定懂得。男人就算有再大的胸怀，也无法容忍一个什么事情都不想承担，只知道整天给自己开脱的女生共度一生。

我并不知道在你的心里，理想和男生究竟重不重要，但是在我（一个成熟的男人、一个经历过若干风雨的人、一个做了20年丈夫和15年父亲的人）看来，一个感情的归宿和一个独立的理想都是你人生中不可缺少的东西。少了哪一样，你的人生都会有缺憾，而时时找借口，看似不足挂齿的小事，却可能成为毁掉你人生幸福的"蚁穴"。

爸爸真心地希望我的丫头人生没有缺憾，真的。

听爸爸的话：

借口不仅是一个人逃脱责任的表现，更会成为你做任何事情的绊脚石。但是，借口无处不在，你要做的是——躲开它。

坚持自己，别人是影响不到你的

我在上小学的时候，不知道为什么总是感到很自卑，大概是因为自己学习成绩一般、个头也很矮小，而且家境也不怎么好的缘故，反正那个时候和我做朋友的人少之又少。在小学最后的那两年里王大磊成了我有生以来的第一个偶像，他不仅穿的用的都比别人好，而且个子高高的，能说会道，班里的每个人都愿意围绕在他身边，听他的派遣。我当然也是他的追随者之一，但他从来没有用正眼看过我，这让我更加的自卑。

但是突然有一天，王大磊竟然决定要和我做朋友，我一下子被这块从天而降的"馅饼"砸得有点头晕，他和我一起在操场上溜达，还给我带来一块水果糖，他那块有香味的橡皮还掰了一块给我……而我也成了众人瞩目的焦点，如同皇帝身边的太监一样，那些想要得到"皇上"垂青的人，都来和我套近乎，希望我能够在王大磊面前给他们多"美言"几句。大约有一个来月的时间里，我都沐浴在"皇上"的恩泽中。

可是好景不长，我"首领太监"的职位就被免了。那时已经到了冬天，周末不上学的时候，王大磊让我叫上几个人到学校不远处的一个池塘溜冰。我跑前跑后，终于纠集了十来个同学，但是那时候并不是深冬，池塘的冰看起来也不是很厚实。于是，王大磊说："谁先去试一试？"没有人响应，我向四外看了看那些被我叫来的人，心想：你们要是还想和王大磊好，就赶紧替他试一试，难不成还等着我？正在我替这帮不知道"献媚"的傻子们着急时，突然我被人

一把推了下去,池塘的冰果然不够厚实,我一下子掉进冰窟窿里,好在池塘已经快要干了,我才幸运地只湿了多半条棉裤。惊魂未定的我听到上面尽是嘲笑的声音,而笑得最大声的家伙,就是把我推下去的我一直忠心侍奉的王大磊。

这还不算,周一回到学校后,王大磊趁老师不在的时候,站在凳子上,向全班同学绘声绘色地描述了我当时的狼狈,我不得不承认他是个表演天才,因为他的一举一动简直惟妙惟肖,于是我成了整个班里最大的笑料,那些势利的家伙不再讨好我,因为他们不再需要我替他们说好话,王大磊又选了新的"首领太监"。

我当时多么痛恨啊!一连几个星期我都在考虑如何找回面子,如何给这个家伙反戈一击,尽管事实上我什么也做不了。一来我势单力薄,根本就不是王大磊的对手;二来在我的内心深处一直是要与人为善的,像他那样坑害我的事情我打心眼儿里瞧不起。但是我对做好事的坚持到底还是被复仇的心理打败了。

我等到机会的时候已经是年末了,距离放年假就只有几天的时间了。那天早上我去得早,王大磊也去得早,但是他急着上厕所,扔下书包就跑了。于是,我从他的书包里掏出作业本,迅速扔到了教室外面的大垃圾桶里。结果,可想而知,上课时老师要检查作业,王大磊被老师狠狠批评了一顿,他一再坚持说他明明写了作业带了来的,越说老师越生气,还说他撒谎,不承认错误……这让我幸灾乐祸到了极点,心里也很是平衡。

不过,让我没想到的是,春季开学的时候,王大磊竟然转到了别的学校。更让我没有想到的是,他的那些追随者现在都开始"叛变"了,大家开始议论他,说他简直是一个恶棍,说他是天底下最坏的人,说他们早就不愿意和他这种人在一起玩儿了……那么,这样看来,我根本就不用酝酿复仇计划,他一样能够颜面扫地。他们一直和王大磊一起起哄嘲笑我,和我当时追随王大磊的初衷是一样的,我们都是为了取悦那个可恶的家伙。现在他走了,大家都不用再怕他了,长久压抑的集体性缘分一下子爆发出来。不仅如此,就连他后来放假回到家里,也一样没有人理睬他,为此,我都几乎有点想要同情他了。

  当然，我想的最多的是：要知道是这样，我就不去做那件伤害他的事了。我当时真的纠结了很久，我也在潜意识里很想坚持做个好人，但是没想到因为王大磊这个家伙的缘故，我还是做了一次坏人。而且在那之后的很长一段时间，我都把我做坏事的缘由归结到王大磊的头上。

  后来不知什么时候，我突然恍然大悟，我做的那一件坏事并不是王大磊的错，而是我自己没有坚持住。要是我始终坚持做个好人，那么我的仇恨就会减少很多，也就不会偷偷把他的作业本扔掉了。所以，归根结底是我自己的坚持不够，而不是王大磊的影响太大。

  当我们内心认准了一件事情后，真正让我们发生改变的不是别人，而是我们自己。如果自己的心能够坚持住，那么别人说什么、做什么都与你毫不相干。就好比是《西游记》里的唐僧，一心向西，虽然历经磨难，也有无数的美色诱惑，但是他内心坚定，从来没有受到那些妖魔鬼怪的威逼利诱，最终修成正果，成了旃檀公德佛。

  你也是一样啊，丫头。想想看，自己一定也有不少半途而废的事吧，比如你说想要学习萨克斯，结果上了几次课就说同学们没人学那个，于是放弃了；你说想要给前年转学的同学打电话，可是你怕她已经忘了你，于是作罢了；你还说想趁暑假的时候做个新发型，又怕别人说你不像个学生，还是保留了你的学生头……

  这些都是小事，可是你的理想呢？如果你总是受到别人的影响，也会不断地放弃吗？那结果又是什么呢？可想而知吧，当然是什么也做不好。也或者不是理想，是你做人的原则、说话的风格、你的善良、你的勤劳……一切你身上美好的东西，如果自己不去坚持，都可能会借着"他人影响"的名义而慢慢丢弃，那么到那个时候，你还是这个"人见人爱、花见花开"的好丫头吗？

  丫头，别害怕坚持，坚持是世界上最简单的事，因为只要你自己努力去坚持，就没有任何人可以影响你、阻止你。

听爸爸的话：

　　坚持这个词的确让人振奋，但爸爸得告诉你一句话：坚持的过程是漫长的，你会遇到各种纷扰，但爸爸希望你是少数能够坚持到最后的成功者。

别把金钱当作理想

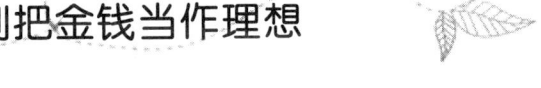

"穷养儿，富养女"是我国民间的一句古训，但真正注意到这句话却是在你满月的时候。爸爸和妈妈为了庆祝这个特别的日子，通知了所有的亲人以及关系要好的朋友，在一家饭店里订了十来桌酒席。

为了照顾很多人需要上班，所以特意选在了周五的晚上，这样大家可以尽情享用晚餐，既不会耽误上班，也不会打乱客人们周末的安排。从晚上六点开始，客人们开始陆陆续续来到酒店，我和一位同事站在门口当"迎宾"，里面还设有一个记账台，因为像这样的日子凡是来的客人都会掏个红包来表示一下，所以需要专门有人把账目记清，以便心里有个数。

那天晚上一直到11点多才散场，我当然也陪着客人们喝了不少酒，回到家里亲了亲你就睡着了。第二天醒来时已经是八点四十六分，吃了点早餐我开始清点昨天的"收成"，具体收了多少礼金我早就不记得了。但其中一份最为特别的礼物着实让我吃了一惊，那是我的徒弟送的，说是徒弟只是因为他刚刚分配到我们单位，连正式的员工都算不上，只是个实习生，具体做事时总是由我带着他。那时候，他一个月的工资不过几百块钱，除了他的日常开销已经很拮据了，但他却送了一份最有价值的礼物——一本育儿书。

就是在这本书中我再次看到了"穷养儿，富养女"这句话，并真正用心体会了这句话。书中有几段话让我记忆犹新：

穷是磨炼，男孩是泥土身，将来得成为男人，所以要经得起摔打；富是呵护，女孩是莲藕身，磕碰不得，要娇贵着养。

……

从来富贵多淑女，富养的女儿不贪小利，气质非凡；富养的女孩，从小不被贫穷困扰，等到花般年纪，便不易被各种浮华和虚荣所迷惑；而一个为金钱所困的女孩，在纨绔子弟的一掷千金下，很可能被迅速击败，为日后的生活埋下各种不幸的隐患。

我还记得我当时读到这些话的时候是怎样的一种惊讶，因为在我们这个年龄的人看来，"穷人的孩子早当家"才是最正当的教育方式。但也许是爸爸太爱你了，虽然有如此大的理念的冲撞，但我还是迅速接受了"富养女"的观点，不想让你做"穷人的孩子"。

这倒不是说我们多么富有，实际上爸爸每个月的工资都是有数的，就那么多，养家糊口而已。只是因着这句话的缘故，你在物质上的要求我在能力范围内一般都不会拒绝，比如那么多芭比娃娃，那么多漂亮衣服，还有你每个星期的零用钱虽然比不上那些大佬大亨家的千金，但爸爸敢说：我从没有让你手头拮据过。

不过你的确是个懂事的孩子，虽然我从不限制你花钱，但你竟然也很少乱花钱，平常最多就是买点零食、买个好看的手套围脖之类的。在我的印象中，你自己做主买过的最奢侈的东西就是一块卡西欧的电子表，说奢侈也并不是有多贵（表大概是160元，当时你上五年级，好像攒了半个月的零用钱）而是因为你已经有了一块不错的手表。说实话，我看了你买的那块表后都爱不释手，无论款式、质地、做工都非常好。

所以，我总是在心里感谢我那位小徒弟（他实习一年后去了另一家公司上班），因为那本书我才知道了这么一个道理，因为我采用了，所以我最亲爱的女儿才这么有品位。你或许自己都没有发现吧，你从来不会图便宜去买一些没有用的东西，你也不会对那些大亨大佬的孩子心生羡慕或向往。

但爸爸还是要向你重申一下，虽然说得直白一些，在某种程度上讲，是爸爸用物质的满足让你对金钱并不那么看重。但这并不能说明金钱是多么的有力量，只盼望日后你不要说"要不是爸爸给我这么多钱，我哪会有……"之类的话。你要记住，所有的一切都不是钱的功劳。金钱不过是我们实现目的的一种工具，就如同吃饭要用筷子一样，虽然筷子可以让我们吃得方便些，但没有筷子我们照样可以吃饭。

我们都必须承认，金钱是我们生活的必需品，没有钱我们的生活会变得异常困难，所以正如你看到的，那么多人都在为了钱而拼命。甚至有些女人为了享受物质生活而去做一些非法的或是出卖肉体的勾当。

其实，人活着真正的快乐并不在于你拥有多少存款。有人曾专门对三个阶层的人群做过调查：第一个阶层的人是富人，他们或是自己动辄身家千万，或是他们的老子身价过亿可以供他们挥霍；第二个阶层是收入可观的普通市民，他们算不上大富大贵，但丰衣足食，不必为了生计发愁；第三个阶层是穷人，他们基本上没有什么存款，孩子上学、老人生病都会让他们捉襟见肘。调查的目的是看各个阶层的人幸福指数有何不同，而调查的结果是只有第二个阶层的人幸福指数最高，第一个阶层的人竟然和第三个阶层的人幸福指数相当。你看，原来富人和穷人没有多大差别。

爸爸一直希望你能够有自己的理想，并为之而奋斗。但理想有千千万，你不要把它们与金钱挂上钩，如果一个人只是盯着钱，那么他的生活乐趣就会降到最低。相反，如果在你的心中，金钱并不是你最终的目标，它不过是你用来作为生活补给的一种方式，那么你的生活就会充满幸福。

但令我担心的是，在社会上、在一些影视作品里，甚至在你的周围都可能存在着一些"金钱至上"的观点，不要为这样的话所左右。人在年轻时最容易犯的一个大错误就是太关注金钱。总是不自觉地将金钱作为衡量成功的唯一标准，总认为挣不到钱就是没有实现理想。实际上，钱对于你的作用应该是你能用它来干自己想干的事。而钱本身并不是你生活的目的，你自己想干的事才是。

如果你觉得还是有些模糊，那么爸爸来给你举个例子。我们不是经常会开车出去旅游吗？开车就需要加汽油吧。钱就好比是汽油，你生活的目的不是为了获得汽油，而是为了让汽车加满油之后，能够带你去那些你想去的地方。

 听爸爸的话：

金钱是个"欺软怕硬"的家伙，如果你仅仅把它当作生活当中很小的一部分，它就不会来找你的麻烦。如果你把它当作唯一的目的供奉着它，它就会想办法捉弄你，甚至折磨你。

给自己设计一种理想的生活

说实话,在我写下这个标题之前,我并没有仔细想过我的理想生活究竟是什么样子的。对于理想生活,我想每个人都会有自己的理解,所以世上并没有一个标准的答案。有的人以为有权有势有钱有名就是理想的生活,但是那些表面上风风光光的家伙内心常常苦不堪言,甚至他们当中的相当一部分人都只能算是苟活。

记不清在什么时候我曾经读过一个小故事:

有一个富翁觉得自己身心疲惫,于是来到海边度假。他漫步海滩,看到一个渔翁正躺在海滩上晒太阳,便觉得有些不屑,很想用自己如何奋斗来"指点"一下这个渔翁。于是他上前打了个招呼:

"嗨!你好!"

"你好!"渔翁懒洋洋地抬了一下眼皮。

"今天天气真不错!"

"嗯,天气很好。"

"这么好的天气没有下海打鱼?"

"回来了,我给自己定的计划是每天打20斤鱼,早就打够了。"

"天气这么好,收获又不错,干嘛不多打点呢?"

"多打点又如何?"

"那你就能有更多的收入啊。"

"那又如何?"

"你每天多打一点,不就富了?"

"富了又如何?"

"你就可以买大点的渔船,打更多的鱼。"

"那又如何?"

"你的钱会更多,可以组织一个船队,每天给你打更多的鱼。"

"那又如何?"

"那样,你就可以悠闲地躺在海边,看看大海,吹吹海风,晒晒太阳,过着惬意的生活。"

"先生,我现在不是正躺在海边,吹着海风,晒着太阳,过着很惬意的生活吗?"

渔翁的话让富翁陷入了沉思——是啊,自己从来没有想过人生竟然可以这样经营,一个渔翁每天打20斤鱼和自己辛苦劳碌甚至拼了身家性命才换来的结果竟然一样:都是躺在沙滩上晒太阳。大概你也一定认为,富翁和渔翁比起来他的生活并不成功,因为他之前并没有发现自己最终的也是最理想的生活不过是躺在沙滩上晒太阳。

富翁的失败在于他把成功看得太重了,以至于生命之中有了许多不可承受之重。对于理想也是一样,当理想没有变成现实依然是你前进的动力时,它是有助于增加我们的幸福感的。但如果你为了实现理想而产生了巨大的压力,甚至被它挤掉了幸福,那么这个理想不要也罢。你要知道,我们努力去实现理想就是为了要过我们理想的生活。

丫头,你肯定无法体会爸爸在和你说这些话时心里是多么害怕和矛盾,因为我担心我这样的言论会让你产生误解,觉得为了理想去奋斗是一件愚蠢的事情(就如上面的那个小故事):既然最终的目的都是躺在沙滩上晒太阳,那么富翁何必要辛辛苦苦经营自己的事业?他只要像渔翁一样每天打20斤鱼不就行了吗?

你这样理解当然不对,或者说并没有了解到我和你讨论这个话题的初衷,我的意思是说不要让理想成为你的负担,它应该是你不断前行的动力。虽然渔翁和富翁都是躺在沙滩上晒太阳,但他们的状态和心态却完全不同。(说到这里我想我必须要解释一下:我不断地拿富翁和渔翁来说事儿，只是为了更好地说明我的想法，可不是对他们抱有什么鄙夷的想法，你小人家可不能两手一拍，给我定个"职业歧视"的罪名。）

富翁之所以感觉疲惫绝不是因为他奋斗太多，而是因为他忘记了追求理想的目的是什么；渔翁之所以惬意，是因为他的目标实现了，他满足了。我不能要求甚至是建议你成为富翁还是渔翁，不管哪一个，过上自己理想的生活最重要。但同时你还是要看到，除了同样在沙滩上晒太阳之外，他们所拥有的东西是不一样的，这不仅仅是物质上，更是精神上：渔翁也在看大海、晒太阳，富翁也在看大海、晒太阳，但是他们心里的丰满程度一定不同。一个有理想并为之不断奋斗的人看云卷云舒可以体悟人生的哲理，而一个不求上进只求温饱的人同样看云卷云舒却可能毫无体会。

所以，我希望你能够给自己设计一种理想的生活，看看自己究竟想要的是什么，这对于你确立自己的理想很有帮助，更重要的是你能够及时了解到自己是否已经过上了这样的理想生活。如果没有，那么你要继续努力；如果已经达到了，那么你可以停下脚步歇一歇，享受一下生活的美好。

当然，人生的不同阶段总是会有不同的对理想生活的设想，不管哪个阶段，你所设计的你的理想生活都应该是积极的、高尚的，只有这样你才能不断进步。现在网上流行一首打油诗，讲的就是咱老百姓的理想生活，尽管版本有好几个，但大同小异，表达的都是一个意思：上班自由责任轻，活少钱多离家近；睡觉睡到自然醒，数钱数到手抽筋。你觉得这样的生活很理想吗？也或许会吧。如果真是这样，爸爸也并不怪你，因为人都有懒惰和利己的本性，不过你得知道，这是不可能的，天上不会平白掉下馅饼来的。

那么，你给自己设计的理想生活会是什么样子呢？我的确想象不出来，或许也是徜徉在海边晒太阳，或许是四处旅游，或许是成为什么什么家（如企业家、科学家、经济学家等），或许只是相夫教子……是什么都没有关系，你需要知道的是，任何一种理想的生活都来之不易，都需要你奋斗和努力，为自己挣得这样的资本才行。

总之,你还是要为了实现自己的理想生活而不断向前,只是爸爸想要提醒你的是你要明白自己想要的究竟是什么,这样一来,你在追求理想的路上才不会盲目,才不会疲惫……

听爸爸的话:

追求理想只是生活的一部分,不要让理想成为你幸福和快乐的障碍。不忘实现自己的理想,同时也别忘了躺在沙滩上晒晒太阳。

第八章
掌控，你要操纵自己的生活

生活不是我们手中的玩偶，很多时候它都会让我们狼狈不堪。但无论如何，我的宝贝，请你不要对生活放手，你要操纵自己的生活，就算不容易，就算很艰难，只要你抱着掌控生活的信念，一切都会变得整齐有序。

没什么可怕的，向前走

在读大学的时候，我被一个女孩冷酷地抛弃了。我们恋爱了两年。对于二十岁左右的我们来说，彼此亲密地相处了两年，是多么大的缘分啊！可最终却因为我还不够成熟，而她也缺乏忠诚，落得个劳燕分飞。当时，她把我叫到大学女生联谊会。就在她的房间里，她正式给我下达了"辞退书"。我的反应很强烈，做了三岁小孩才会有的举动："大发雷霆"把我送给她的毛毛熊玩具撕碎了。她显然受了惊吓，大喊大叫着让我离开。她可能想替我打开门吧，所以迅速冲到那里，抓起门边墙角处的一面镜子，摔到地上，"啪"的一声，镜子被摔碎了。

你可以想象当时的场面——宿舍走廊里，眨眼间就聚满了女孩，她们都急于知道：为什么有人在大喊大叫？她们看到我大步走出来，可怜的毛毛熊的残屑还留在我的身上。她们又看见了我的女朋友，站在一大堆碎玻璃片和一个严重受损的玩具熊之间，楚楚动人地哭泣着。就这样，几秒钟的时间里，我就从一个被残忍抛弃的男人，摇身变成了一个罪有应得的虐待狂。

那天晚上，我打电话向她道歉，却让局面变得更糟，因为我给了她难得的机会，让她当着姐妹们的面义正辞严地教训我，指责我，说我的行为永远不可原谅。

归根到底，从这件事当中，我可以总结出一个教训：那就是自我控制的重要性。当内心的激动情绪占了上风时，我感到非得毁坏那个毛毛熊不可。那是我送给她的礼物，只有摧残它，才能宣泄我

的痛苦，而且也让她感到痛苦——别忘了，我原本是个富有同情心的人。我自认为是一个好人，我才是遭受委屈的一方。

但是我惊奇地发现，宣泄过后，我跟着失去了一切，我成了坏家伙！最让我难以接受的，莫过于眼下．已成了我前女友的那个女孩，居然对我的行为说三道四给我好好地上了一堂德育课，多可笑啊，更糟糕的是，我知道，她对我的指责是对的。我的行为是不可原谅的……这样我就感觉到，我其实不比她更好。

还是回到我悲伤的失恋故事中吧。

我回到我的宿舍，心绪纷乱。女生联谊会那些女孩盯着我的眼神，始终在眼前晃动，让我感到无限羞辱：我大哭起来。当我停止哭泣的时候，又开始低声啜泣，随后过渡到无声地流泪。这一切，显然让我的室友们激动了。女孩哭泣时，男孩们就不知道该怎么办，当他们看到有个男孩哭泣，整个世界都好像颠倒了。他们轮流劝说我、宽慰我，但我显然无法释怀。但我心里唯一的感受是：我一直渴望与之结婚的女孩，狠狠地抛弃了我，我什么都没有了！

然后，我陷入了无限的思考里，我甚至离开了学校，离开了我所在的城市，离开了爸妈，是的，我在逃避，这让我无比激动和振奋，我让我的父母感到惊恐。更为严重的是，我的行为更是让所有人相信：我是个彻头彻尾的失败者。

我开始调头，回到学校里，回到父母身边，一切都恢复了正常。我发现把我抛弃的前女友又有了新的男友，他们依旧骑着我送的那辆自行车在校园里乱逛，我无法排解心里的压抑和痛苦，所以刻意减少了能与他们碰面的机会。

在那三个月里，我总是在思考一个问题：我是做了很大的错事吗？那个男孩又有哪里比我好呢？如果能让她回到我的身边，我要做哪些改变呢？怎样才能确保常相厮守呢？这些问题一直占据着我的内心，我花了大量时间，因为我知道，只有大量思考，才能找到答案。

直到那年冬天的一个下午，她问我是否可以与我见面。我不了解究竟是为什么，我甚至都不想去猜测，这当然是假话。我激动的大脑飞速运转，我想她是希望回到我的身边，我甚至还想到比这更让我开心的结果。

你知道吗？她居然真的是那样想的！她没有说"或许我们不应该分手，我还想和你在一起"，事实上，她只是列举现任男友所不具备的、在我身上却熠熠闪烁的优点，比如说体贴、风趣、有绅士风度，还有诸如此类的优点。（知道我为什么记得这么清楚吗？因为那天晚上，我一回到家里，就把它们写了下来。）

她当时的确想讨好我。可她过于拐弯抹角了——她把我同她新交的男友进行比较，等着我发出请求，让她再给我一次机会……遗憾的是，我没有做出她期待的那种回应。那是不可能的！我曾经被她抛弃了，受到了伤害，但我已经走出了阴影，而且吸取了教训。我告诉她，我很感谢她，感谢她对我说的那些话，我又坚决地说，她当初的做法，对我是一种侮辱，给我留下了难以抚平的创伤。然后，我就起身离开了。这一次，没有喊叫声，没有围观者，最重要的是，没有一滴眼泪。哦，或许她哭了，可我肯定没有哭。

大约六个星期后，我再次恋爱了。

在《圣经》里，罗德带领妻子和女儿逃离即将毁灭的城市时，妻子因为回头张望，被上帝变成了一根盐柱。这个故事对我的震动很大，我觉得上帝的确出手太重，不过就故事本身而言，自有其特定的意义：它要求你昂起头，把注意力集中到前面的道路，而不要浪费时间，去回顾身后糟糕的景象（因为那将会像漩涡一样，把你深深地吸进去）。

听爸爸的话：

忘掉曾经的不幸，才可能做得更好，才会脱离困境，走上坦途。

幸福是自身的体验，与旁人无关

我们来设想一下：比如你一直在阅读一本非常好看的书，这本书里面有各种短小而精悍的故事，可看到最后，你却沮丧地发现，这些故事的最后几页，竟然全都不见了！再设想一下：十年后的一天，你无意间找到了那几页已经丢失的内容，你如获至宝，终于知道了故事里的人物最后都是怎样的结局——尽管这时你已经忘记了他们的名字。

毕业十五年之后，我参加高中校友聚会，与上面的情形颇为相似。

置身于高中同学中间，我很快清楚地意识到：那些二十年前，你认为是"天之骄子"的人，他们的生活未必比你认为失败者的人更幸福。这让我多少有些震惊。有的人一向物质富有，但幸福未必降临到他们头上。当年，开着法拉利去参加校友聚会的人，不见得比开着十年之久的面包车的人更幸福。

这究竟是怎么回事？我们看过很多电视剧，它们都在阐述这样的结论：那些最优秀的人，或是无所不有的人，才会生活得最幸福，其实却未必如此。我很想了解其中的道理，就忙不迭地查阅我信任的那本词典，去了解"幸福"的定义——"幸福是一种快乐、满足和愉悦的感觉。"瞧，它并未说到成就；对于拥有多少财产，它也只字未提。这或许可以解释，为什么张昊（过去我和他一起骑车上学）似乎并不幸福，尽管他现在拥有一家相当大的公司，住在一栋大约有公园那么大的房子里。他每天的工作琐碎而劳神。张昊告诉我：

他非常担心有朝一日，所有这一切会突然消失。当我问他是否像我们过去在中学那样，经常去看电影时，他惊奇地看着我，好像我是神经病一样，他说："谁还有那时间啊！"

就像当初计划的那样，张昊完成了许多目标，但这并没有给他带来多大的幸福。从另一个方面说，程峰仍住在当年的小城里，房子还像他老家的房子似的。程峰有两个非常漂亮的孩子，他们聪明又健康。（程峰的妻子总是开心地冲我微笑，她说，"他们跟着爸爸，每天晚上都在锻炼身体，所以他们长得非常的结实。"）程峰一直努力工作，而且还没有赚到足够可以去度假的钱，不过，在我们这届毕业生里，他似乎总是最幸福的人。我曾问过他，他的秘密是什么，为什么看上去总是很幸福、快乐，他耸耸肩膀对我说，"要是不幸福，活着有什么乐趣可言呢？"

我以前总是以为，幸福，就是我们到手的某种渴望已久的东西。幸福，就是让我们的目标得以实现。我考试全年级第一，我就会感觉到幸福；我买得起昂贵的手表、房子、汽车，我就会感觉到幸福；我今天和一位美女约会，我就会感觉到幸福。就像大多数人一样，我过去一直认为：幸福，就来自于你渴望得到的某种东西。

但是，我如今所得到的一切，并未让我真正地感觉到幸福，至少这种幸福持续的时间很短暂。我曾恳求爸爸给我买一辆山地车，作为我考上大学的礼物。的确，那段时间我开心极了，我可以骑着它到处炫耀，这种状态让我心满意足。但是它带给我的这种幸福感，并没有长时间地持续下去。我曾在毕业典礼上展现动人的歌喉，有些同学曾拿我当崇拜的偶像，得到他人的注意，带给我的这种满足感，也只不过是昙花一现。好像没有任何东西，能够彻底驱赶内心的疑惑、失望、彷徨和那种不安全感，而它们的存在，正是让我感到不幸福的真正原因。

后来——你瞧，多奇怪——在毕业多年之后，我猛然感觉到：我其实已经很幸福了！与程峰在同学会上的交谈，我才真正地体会到幸福的本质：不幸福，活着，就毫无意义。

我再用另一个方式，来表达对幸福的理解。我的叔叔李彬，是

一个非常有天分的摄影师。他拍摄的照片，包括北京奥林匹克公园的花草，还有香山上的红叶，他拍出的照片总给人一种置身其中的感觉。他使用的是普通胶卷相机，不是数码相机。他自己动手，为照片显影和晒印，为此，他几乎要在绝对黑暗中才能将这个工作完成。那么，你肯定要问，他是要等到天黑才行动吗？他需要全北京全部停电吗？当然不是！他给自己建起一间黑色的小房子，他称之为"暗室"。他将所有的窗帘进行了处理，遮挡住门缝的周围以及其他罅隙处可能透进来的光线，为自己创造了一个绝对黑暗的"暗室"。他把自己关在里面，这里没有窗户，只有一盏可以开关的灯。就在这个黑暗的小房子里，他体验到了莫大的幸福。

听爸爸的话：

金钱、荣誉、名车、豪房，这些也是幸福，但这种感受只能持续短暂的时间。真正的幸福是内心的感受，这种感受要用心体验，与旁人无关。

纠缠过去的孩子没有好运

我小的时候最爱玩的游戏就是"墩球"，我们总是纠集一帮孩子一起玩儿，这样如果有人赢了，那就能够赢很多球。我们先将这一帮人按个头排成两列，然后两两相对成为一组。每一组中，以猜拳（就是石头剪子布）决定先后手，后手的把自己的弹珠放在地上，然后对方身体笔直地站好，把球拿到眼附近的高度瞄准，瞄准以后，让球自由落体，砸到地上的弹珠便记一分，一共砸5次，能得到3分就算赢了这一局。

接下来，每一组的胜利者再继续按这个方式进行（不用担心我们在这个过程中会出现单数，因为我们总是会事先计算好人数，比如最开始我们就只选4个人或是8个人，而不会选择6个人、10个人等），直到最后出现一名胜利者。

这名胜利者在过关斩将的过程中已经赢得了不少玻璃球（也可以使铁珠子，比如轴承中的珠子等），直到最后他赢了全部人后，大家还要听从他的一个命令。你想知道当年你老爸是个多么卑鄙的家伙吗？告诉你吧，每次轮到我下达命令的时候，他们都会怨声载道，我曾经让他们每人背着我走20米，也让他们集体做过30个俯卧撑（这对十来岁的孩子来说是不可能的，所以他们经常不小心啃一嘴泥），还让他们单腿边跳边互相撞看他们乱成一团，让其中最不会唱歌的人唱歌……

当然，我不是最坏的，最坏的那个家伙曾经让我们坐在地上一个小时不许动，然后他回家吃中午饭了。不过幸运的是，我多数时

候都能成为最后的赢家，就算他们所有人赢的次数加起来也未见得比我一个人赢的次数多。

你知道我为什么总是赢吗？这的确是一个秘密，直到现在我的那些发小们还都被蒙在鼓里呢。我的法宝就是"终结者"，在我看来没有什么比"终结者"更能保证我赢得比赛。不过"终结者"不是别的，而是扭转比赛局面的一种策略。确切一点说，"终结者"总是能够为我带来好运，能够帮我把一场糟糕的比赛变成最终的胜利。具体的方法是：

比如，我正在砸他们的球，成绩很不理想。我告诉过你，每一局要砸5次，也就是记5次分，记分的时候很简单，就在地上竖着写1、2、3、4、5，然后在右面对应的位置划上对号或是差号，表明是得分还是没得分。如果我已经砸了4次，可只得了2分，或者我已经砸了两次却一分也没得，那么我就陷入了很糟糕的状况。这时我就会使用我的"终结者"，作最后的搏杀。我说的"终结者"就是在我的记分的位置上划一道线。

你知道吗？有了这关键的一划，我的好运气常常会马上出现。我说的是真的，别小看这一条线，它多数时候都能够让我摆脱糟糕的状况，并成为获胜者。这就是"终结者"的魅力，它会让我告别过去的坏运气，迎来好运气。

你一定对我的"终结者"不服气，对吧，或者你会说我这是迷信，并理直气壮地告诉我"运气是要靠自己争取来的"，没错丫头，你能说出这句话真是让我由衷地高兴，这说明你不是一个听天由命的人，你懂得一切要靠自己争取的道理。不过，我使用"终结者"并不是我把运气交给老天爷，乞求它来保佑我赢得比赛，实际上，它只是一种心理调节技巧，就像在集体项目比赛中，队员们彼此鼓励抛开刚才的倒霉心境一样，只要大家能够集中注意力，就会有意想不到的奇迹发生。

到现在我已经有四十来年不再玩墩球了，但我仍然在使用"终结者"，而且多数时候都能奏效。现在，爸爸把它告诉你，也希望你能够对过去的窘况做个"终结"，然后振奋精神，重新开始。

不知道你有没有听说过跳蚤实验，这个实验非常著名，也非常有趣：他们先把跳蚤放在桌上，一拍桌子，跳蚤便一跃而起。（说起来，跳蚤真是种神奇的生物，它们竟然能够跳到其身高的 100 倍以上。）然后，科学家将一个玻璃罩放在桌子上面低于跳蚤所跳的高度，这样一来，跳蚤就会因碰上玻璃罩而摔下来。连续多次后，跳蚤为了不再受伤而改变了起跳高度，每次跳跃总保持在罩顶以下高度。接下来科学家又逐渐降低了玻璃罩的高度，而跳蚤则都在碰壁后主动改变自己的起跳高度。最后，科学家用了一个接近桌面高度的玻璃罩，这时跳蚤已经再也跳不起来了，只能爬行。一周后，科学家将玻璃罩拿走，再拍桌子，跳蚤仍然在爬行。现在，以跳闻名的跳蚤已经变成可悲的"爬蚤"了！

跳蚤一定是被撞怕了，过去的事情是由你自己亲身经历的，是你人生中的一部分，你是无法否定它的，要记住，能越得过过去，才能得到未来，

过去不等于未来——不论你过去怎么不幸都不重要，重要的是你对未来必须充满希望。现在就做出决定，做你想做的人。孩子，人生最重要的不是你从哪里来，而是你要到哪里去。只要你对未来怀有希望，你现在就会充满力量。不论你过去怎样，那都已经过去了，只要你调整心态、明确目标，乐观积极地去行动，那么成功就会属于你。

我们不能为了那该死的过去放弃现在和未来，我们实在有太多事情要做了，过去？你就永远成为过去好了，不要妄想影响我的未来！记住，不要总记着我要走出来，那样只会永远走不出来，去过你现在的生活吧，轻松一点，顺其自然，everything is going to be fine。

听爸爸的话：

最后，我想把英国前首相丘吉尔的一句名言送给你——如果你总是纠缠于过去，那么你将失去整个未来。

不管什么理由,都不要纹身

还记得小时候你看电影时问爸爸为什么那个坏蛋的胳膊上长有花纹吗?爸爸当时还骗你说,不听话的孩子就会变坏,变坏胳膊上就会长花纹。当时你吓了一跳,说以后一定听话。现在你一定知道那是骗小孩子的话了。说到纹身,先来给你讲个笑话。

过去,在天津有个小混混,游手好闲,不学无术,看见一些帮派的老大戴着墨镜,胸前纹着"二龙戏珠"的图案,到饭店吃饭从来不花钱,可那些店老板照样毕恭毕敬、笑脸相迎。

他也想如此风光风光,于是找了一家店给自己的胸前也纹上了"二龙戏珠"。果然,出入多家饭店不仅白吃白喝,人们还"大爷大爷"地叫着,心里那叫一个舒坦。

这一天,小混混刚进一家店,拉开架子要点菜,就见一名身材魁梧的和自己一样纹着"二龙戏珠"的爷走了过来。还没等小混混开口,两个大巴掌就贴到了他的脸上,那人还指着他的胸口大声问道:"这是嘛?"

小混混低头看了一眼自己的胸口,霎时来了劲儿,大声回道:"二龙戏珠!"

"啪啪",又是俩嘴巴,"这是嘛?"那人接着问。

"二龙……戏,戏珠。"小混混没了底气。

"啪啪",又是俩嘴巴,"这是嘛?"那人还是这样问。

"俩皮皮虾玩球。"小混混终于学聪明了。

那人听后，拍了拍自己的胸口，对小混混说："以后少在爷的地盘上装愣。滚！"

在十几、二十几年前，许多人纹身的确是为了显示自己的势力，大概这也是受了一些影视剧的影响，希望自己也能像影视剧里的"老大"一样能够呼风唤雨。不过现在很多人纹身，尤其是青少年纹身，常常只是出于"好奇"和"好玩儿"，或是想让自己有点与众不同。当然，恋爱中的人们也有些愿意以此作为爱的凭证，比如把对方的名字纹在身上，或是把两个人名字的首字母纹在身上，或是纹一个拼图（一人一半，两个人要在一起才是一幅完整的图案）等。

可是，你真觉得纹身有这么多的用处吗？当然，你现在可能觉得的确是这样，纹身的确可以让自己显得很"酷"，或是向整个世界证明一份专属于你和某个男孩子的"爱情"。这听起来的确非常浪漫，甚至比玫瑰和钻戒都更能表明两个人的真心一样。因为玫瑰和钻戒都可以丢弃，唯独纹身要跟随自己一辈子（你当然可以除去，但那会需要你付出巨大的代价）。那么，再来听爸爸给你讲第二个故事。

一对小情侣已经谈了5年的恋爱，彼此都感觉已经无法离开对方，他们一定要天天在一起。于是，男孩对女孩说："亲爱的，我感觉自己一刻也离不开你，所以我要和你结婚。我已经用我前半生的所有积蓄为你买了漂亮的房子，还有精美的戒指。现在，我就要向你下跪了……你愿意嫁给我吗？……"

女孩的眼里满是幸福的泪花，说："我愿意，我愿意。不过，亲爱的，我还有一个小小的条件：为了表示你对我永不变心，我希望你把我的名字作为纹身的花纹，刻在你的胸口。"

男孩不禁迟疑了起来："啊……"他说，"纹身，恐怕它保留的时间太……太久了吧。"

不管你觉得这个故事是否真实，或者是否可笑，总之它得出了

一个结论：纹身是永久存在的。永久存在有什么不好吗？这倒也未必，只不过你需要明白，永久存在的意思就是它不会随着你的改变而改变，在今后的日子里你很难甚至无法驾驭它。而你是不断变化着的，当它不能跟随你的变化来适应你的时候，你就会感到麻烦。

你还是不能理解，或是对我说的话有点怀疑吗？那好，我还有一个办法让你明白。你现在先打开你的衣橱，把你目前喜欢穿的那些衣服全部都拿出来，看看那些T恤上面的图案都是什么。然后，你再找到你小学毕业时的纪念照，看看你当时穿的那件T恤上面是什么图案，如果我没记错的话，那上面的图案是很多很多的草莓。

好了，现在你来告诉我：你现在的衣服有几件是绣着那样的图案的呢？你在前几年穿得美滋滋的衣服，现在为什么不穿了呢？当然它们太小了，穿不下了……但我想一定还有别的原因，比如那些图案你现在已经不喜欢了。在你人生的某一个阶段，能够拥有一件这样图案的衣服非常不错，甚至当时你还引以为豪。可现在的你，显然已经不希望别人说你还是个孩子，所以，现在你的衣橱里已经没有那样看起来很幼稚的衣服了，对吗？

或许你可以快速想象一下，妈妈穿上你的衣服该是一副多么让人忍俊不禁的画面。为什么会这样呢？因为我们总是不断变化着的，所幸的是，我们也可以紧紧跟随着自身的变化，选择得体恰当的物品搭配。所以，你会经常剪头发，剪各种适合你的发型；你使用几十种不同牌子和颜色的指甲油、口红以及擦脸油，你衣橱里面的衣服换了一批又一批……你可以想象一下，如果连续十几年都让你穿着那件印满草莓图案的T恤，你会不会疯掉呢？

要记住：你的身体就是一件艺术品，你要让它永远都能够迅速地变成一张空白画布，可以让你这个艺术家毫无顾忌地给它上色、确立样式。

事实上我更愿意相信，很多人纹身不过是心血来潮的冲动而已。尤其是年轻人，正是朝气蓬勃的年纪，冲动当然也会多一些。这无可厚非，爸爸也不会为那些微不足道的小事和你计较，甚至我可能还会支持你，比如你抚摸某个男生的手，你一下子要了两份巧克力蛋糕，你刚听了一首歌就买了整张CD，你看见女明星漂亮的海报马上就购买了三支口红……我敢拍着胸脯向你保证：对于你的上述举动，我绝对不会干涉。

但是，对于一些重大的事情，比如纹身，你可不能仅凭着一时的头脑发热就做出决定，你一定要经过慎重的思考。因为你一旦给自己的身上打下了这种烙印，就等于在某种程度上剥夺了让自己改变的权力和能力。你虽然当时感到得意，但等到有一天你对这种形象感到厌倦时，你会一下傻了眼。那时，你无论多么不情愿，那个纹身也不会轻易离开你，任凭你的品位、你的个性发生多么大的变化，它都会把你拉回到从前的样子——这是多么可悲、可怕的事情啊！

所以，爸爸希望你永远都不要纹身。除了它会给你留下永久的印记外，你仔细想想看，让针在自己的身体上刺来刺去，在鼻子上绣上花纹，或是在舌头上装上饰钉，这是多么粗俗啊！

对于我的这些论调，你很有可能会不屑一顾，甚至说我是个老顽固，总是不能接受新鲜事物。如果你真的渴望在身体上留下一种长久的印记的话，我建议你先让自己冷静一段时间，根据我的估算，如果你想要确切地评估出到底该不该去纹身，我想……嗯……至少需要15年的时间吧！

听爸爸的话：

纹身不仅是对自己身体的不尊重，还是对自己不断进步和变化的一种禁锢。如果你不想一直停留在幼稚的年纪，就别再想纹身的事了吧。

愤世嫉俗，让你失去应有的快乐

随着你不断地长大，你就会慢慢发现身边簇拥着那么多愤世嫉俗的人，他们对什么事情都看不惯，一切事物在他们眼里都变得不值一提，或是不可相信，或是不堪入目……总之，在他们的眼里，这个世界实在不怎么样。比如说，你对政治产生了兴趣，他们就会站到你身边，嘲笑你的选择，并用蔑视的口吻对你说："你怎么对政治感兴趣呢？告诉你吧，所有的政治家都是骗子！"假如你决定学习法律，他们又会对你说："律师没一个好东西，他们总是为了钱而歪曲事实。"假如你有了男朋友，这些人又会跳出来说："你最好做好准备，因为感情不过是一场游戏，你付出的越多，伤心的越多。"要是哪一天你说："等我有钱了，我要……"那么，一定会听到他们说："有钱有什么好的，越有钱越不快乐。"

总之，他们认为，这个世界上没有一个人是真诚的，所有的人都是可怕和自私自利的，所有的事都不会像你想象的那么美好，这个世界简直就是冷酷而残忍的存在。他们说这些话的时候，感觉自己已经看透了人生、看透了世界，所有的一切在他们的眼中都成了所谓的"浮云"。有些人将其看作是一种洒脱，可是经过许多年以后，自己想起当年的样子都会觉得好笑，更别说别人了。

我过去曾经和一位叫吴丽娜的女士一起工作过一段时间，由于她比我们略大，所以我们都愿意叫她吴姐。作为同事和朋友我们的关系非常融洽，她遇到什么问题常会向我请教，我有困难也会找她帮忙。但吴姐的感情生活一直不太顺利，我印象中她交往过好几个男人，但却始终没有找到合适的伴侣，以至于三十好几岁（在我们的年代，这已经算是相当大龄了，甚至不多见了）仍然单身。

所以，她最终得出了一个结论："所有的男人都是骗子。"因为我们彼此很了解，所以我大胆地问她："这么说，你认为我也是个骗子了？""行了，你当然不是了。"吴姐白了我一眼，接着说："你是个例外，但这并不影响我的结论，明白吗？"

"不"，我继续我的理论，（事实上我总是爱和那些冷嘲热讽，每句话都以"所有的人""全世界的""一切"等字眼开头的家伙来一通较量。）又对她说："那么，你觉得你父亲也是个骗子吗？"

"我父亲当然不是……"

随后，我又向她列举了一系列不是骗子的男人名单，她终于摊开两手，沮丧地看着我说："行啦，够了，所有的男人都不是骗子，这样行了吧。"我冲她笑笑，她则朝我的胳膊上打了一拳，嘟囔道："即使不是骗子，你们这些男人也全都令人讨厌。"

我那时候就在想，像吴姐这样的人为什么会把这个世界看得如此不堪呢？他们似乎更愿意相信：所有的男人或女人都是骗子，天底下没有人会真的想帮助人，有钱的人绝对都是昧着良心的，无论你怎么努力老天爷就是那么不公平……这样的想法虽然不会让他们的日子好过，但却可以让他们不必反省自己，因为是这个世界要和你作对，所以你本人是无可指责的。就像吴姐一样，她去过一家婚姻咨询机构，终于帮助她解开了谜团，她经过认真的回顾和总结，得出了与先前截然相反的结论：她糟糕的感情生活并不是源于"所有的男人都是骗子"，而在于她自己选择的错误。帅气的外表、体面的工作、有房有车……在她交往的这些男人的名单上，这些都是最起码的条件。

她还私下对我说："或许男人的风度和修养，比宝马奔驰更重要。"我真是由衷地替她高兴，最重要的是，她一经反省自己，就不那么悲观厌世了。

要相信周围的一切，的确需要勇气——毕竟在有些时候，某些事情曾经让你感到失望、伤心、痛苦，要想对他（它）们抱有信心，

就意味着需要冒险，因为你的心灵可能会再一次遭受打击。所以，那些愤世嫉俗的人，是不肯冒这样的危险的。

你如果愿意的话，可以仔细地观察一下：那些愤世嫉俗的人，他们的内心一定非常疲惫，他们害怕受伤和失败，不得不整天长吁短叹、冷嘲热讽、讥笑别人，不得不经常进入黑漆漆的内心，在碰触黑暗与龌龊时，不得不马不停蹄地为欺骗和虚伪寻找新的同义词……

看到了吧，他们的生活简直没有一秒钟活得快乐！即使事情朝着好的方向发展，他们也不会为此而欢呼雀跃，因为那将意味着他们所说的话是错误的，为了证明自己是正确的，他们不得不拒绝所有让自己满意的感觉，并努力创造出一种"黑暗"的感觉。想想看，自己把自己关在黑暗之中，还要装作若无其事，这是多么不可思议并且可怕呀！

现在，请你拿出几分钟的时间，爸爸来给你做个简单的小测试，假设你在网上读到了这样一篇报道：

某著名女作家的畅销书《婚姻的规则》一个月销售上万册，在这本书里她告诉我们如何俘获男人的心，如何能够将对方牢牢"拴"住，当你遭遇第三者如何巧妙应对，怎样才能与公婆和谐相处……但是让人感到戏剧性的是，该书畅销三个月后，这位女作家竟然和自己的丈夫办理了离婚手续。

好了，现在请你告诉我你的反应是什么呢？你会不会说：瞧，她写了那本书，告诉别人如何让婚姻长久，而她自己却离了婚，所以婚姻根本就不可靠嘛。——如果你这样想的话，我的丫头，你可要面临大麻烦了，因为你还这么年轻就对美好的事物产生了厌倦和怀疑，这可是大不妙。你一定要让自己快乐起来，知道吗？

不过，爸爸相信你应该不会那么想的。因为你知道一个事实：大多数人都是正派、积极且乐观的。尽管我们时常遭遇失败，但我们的失败一定是因为某些主观和客观的因素所致，绝不是因为他们所说的"全世界都是黑暗的",更何况我们曾经尝试过、奋斗过、幸福过,这比什么都重要。

听爸爸的话:

愤世嫉俗会让你漠视美好的东西,因为如果你看到的是阳光,那么沐浴着你的就是温暖;如果你看到的是黑暗,那么包围着你的就是寒冷。

感谢折磨你的人

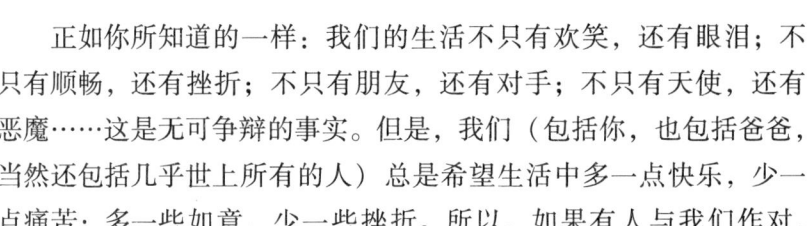

正如你所知道的一样：我们的生活不只有欢笑，还有眼泪；不只有顺畅，还有挫折；不只有朋友，还有对手；不只有天使，还有恶魔……这是无可争辩的事实。但是，我们（包括你，也包括爸爸，当然还包括几乎世上所有的人）总是希望生活中多一点快乐，少一点痛苦；多一些如意，少一些挫折。所以，如果有人与我们作对，人为地增加我们的不幸，我们总是不自觉地对他有所嫉恨。

你小的时候就不止一次和我们针锋相对地对着干，当然大多数孩子也都这样干过。记得那大概是你6岁的时候，有一次你把一整袋牛奶和一杯清水同时倒在地板的不同位置，为的是观察一下牛奶和水流动时有什么区别。说实话，爸爸为你能有这样的创意感到非常的高兴，这至少证明我的丫头是个爱观察的孩子。但这并不能说服我和妈妈来替你收拾残局，我们的意思是你自己制造的麻烦需要自己来收尾，我们需要你观察完之后把地板擦干净。

你倒也乖巧，观察了10来分钟后，起身拿墩布一通猛擦，不足5秒钟你就收工了。可想而知，地上仍旧有很多水和牛奶，于是我们让你继续清理现场。你有些不情愿，但还是找了一块抹布蹲在地上擦了一阵儿。可惜的是，有一些牛奶仍旧顽固地不肯脱离地板。我们又为你提供了卫生纸，让你再仔细一点把地擦干净。此时，你一定觉得自己受了天大的委屈，眼泪都吧嗒吧嗒地落了好多，你一定在想：我不过是要看一下水和牛奶是怎样流动的，我擦了两遍地，你们还是不肯饶恕我，难道我是做了什么错事吗？

你当然没有错，孩子，爸爸一直都为你有这样的探索精神而高兴着。我和妈妈只是希望你能够让地面恢复到原来的状态而已。但对你却成了一种折磨，你不但当时委屈得哭成了泪人儿，一直到晚上睡觉都没有给我们好脸色。可是，你知道吗？从那以后，只要你把东西洒到了地上就会很主动地擦干净，为此我们可没少表扬和奖励你。我猜想，你现在肯定不再怨恨我们当时那么"折磨"你了。

我必须得承认，有些人对你不恭或是故意地刁难你，并非都会像爸爸和妈妈一样是真心地为你好。他们可能就是存心要给你难堪，让你难过。但是，没有关系孩子，你现在回忆一下在过去这十几年中你所经历的不痛快，比如：你后面那个男孩总是在你的衣服上涂鸦，后来你找到了去污的窍门；一直和你要好的朋友突然倒戈走到了你的对立面，之后你懂得了一点人情冷暖；你乘坐公交时不小心把雨伞上的水滴到了别人身上，结果挨了一通唠叨，从此你上车就记得把雨伞收好放进伞袋里……

其实，你若仔细想想，生命中的每件事或每个人，无论是让你欢喜的，还是让你苦恼的，哪怕是有人成心与你作对，通过这些人和事你都能获得一个清理能量、演进自己、向更高更远处提升自己的机会。每次你处理过一个让你抓狂的事件，或者与一个"敌人"交锋过后，你都能得到一点经验、体会，让你更加明白这个世界，这也是给你最大的奖励。

以前我常在想，人为什么就不能平平淡淡、无风无浪地度过一生呢？为什么总是要遭受折磨和困难呢？可就在前天我在一本书上看到一个报道，才让我有所感悟：一个健康、健全的人生真的需要经受折磨，就如同草木需要经历风雨一样。

你们在初中上生物课的时候一定也听过有关蝴蝶的幼虫是如何破茧成蝶的过程吧。没错，蝴蝶的幼虫是在一个洞口极小的茧中度过的，然而随着它慢慢长大，当它的生命要发生质的飞跃时，这个狭小的通道就如同鬼门关一样，那娇嫩的身躯必须拼尽全力才能破茧而出，成为美丽的蝴蝶。一直以来，我们说到"破茧成蝶"这个词总是不免多了几分美丽，但现实显然要残酷很多，因为许多幼虫

都在往外冲杀的过程中力竭而死，成了飞翔的祭品。

于是，有人动了恻隐之心，企图将幼虫的生命通道弄宽一些，他们用剪刀把茧的洞口剪大。这样幼虫很轻松地就能通过，但是你知道吗？所有受到帮助而轻松见到天日的蝴蝶都不是真正的飞行精灵——它们无论如何努力也无法翩然起舞，只能拖着丧失了飞行能力的双翅在地上笨拙地爬行！

原来那道"鬼门关"般狭小的茧洞虽然对稚嫩的幼虫是一种折磨，但同时更是帮助蝴蝶幼虫两翼成长的关键所在。幼虫在穿越洞茧的时候，通过用力挤压，蝴蝶的翅膀得到充分考验，出来后才能振翅飞翔。好心人把茧洞剪大，看似拯救了蝴蝶，实际上却使蝴蝶的翼翅失去了锻炼的机会，所以这样的蝴蝶永远与飞翔无缘。

一个人的成长过程不也如蝴蝶破茧的过程一样吗？虽然在痛苦中挣扎，但却使意识得到磨练，力量得到加强，心智得到提高，生命在被折磨的过程中得到升华。如果没有挫折，也许就会像那些受到"帮助"的蝴蝶一样，萎缩了双翼，平庸一生。

所以，如果有人总是为难你，不管是有意的还是无意的，你都不要憎恨他们，他们是在用他们的方法帮助你更快地成长。如果你能够坐下来，深入思考一下就会发现，很多时候真正促使我们成功让我们坚持到底的，不是顺境与优裕，而是那些常常折磨我们，给我们带来巨大麻烦与不快的人。你或许是为了争一口气，或许是为了减少麻烦，也或者是为了解决麻烦……不管怎样，在他们的逼迫下，你变得更加的勇敢和睿智。

我的意思是，你要学会忘记仇恨，并试着感谢那些折磨自己的人，是他们让你不懈怠，永远保持拼搏的斗志，你才能一步一步向前迈进。

 听爸爸的话：

记住：生命给了我们酸苦，不是为了让我们愤怒和抓狂，而是为了帮助我们增长智慧，自己来酿造甘甜。

你要认真地照顾好你自己

孩子，如果有一天你看到了我和妈妈为你建的那个博客，你就会发现一个规律，那就是每一年的 10 月 6 日这一天，都会有新的博客，而且内容都是惊人的相似。我相信，对于这一天你再熟悉不过，因为这一天是你的生日。没错，10 月 6 日是你的生日，每到这一天，或是我或是妈妈都会在这个博客上给你写一封信，而信的结尾总是要写上这样一句话：

……

祝愿我的宝贝女儿永远健康、快乐，希望你在今后的每一天里，都能够认真地照顾好自己。

爱你的爸爸（妈妈）

XXXX 年 10 月 6 日

从建立博客到现在已经至少坚持了 10 年了，但是直到现在，你仍然是我们心中最最稚嫩、最最纯真的宝贝。我想，如果我不说，你永远都不会知道，在过去的十几年里爸爸的心中是怎样的感受：

因为你的到来，让我们小屋里满溢一种异于所有哀伤的渗透生命力的哭泣；因为你的到来，家里的影集扉页完全被你崭新的笑容占领；因为有你，我也宁愿相信蝴蝶是土地轻扬的翅膀，相信沙滩上可以用贝壳盖起漂亮的楼宇；爸爸因为你而童心丰满，愿意与你一起浑沌不开……

而你就在我的宠溺之间潜移默化地成长，突然有一天我惊讶地发现，就在我把你向上一抛一接的工夫，你就撒开脚丫跑向远方了——你长大了，就连青春期都已经接近尾声了，但我还是不能确定，你究竟能不能认真地照顾好自己，甚至我不能确定你是否真的理解什么叫"认真地照顾好你自己"。所以，作为爸爸，我一定得向你说明白。

你首先要善于传播快乐，成为别人的幸福的源泉。我说这话可不是让你非得看别人的颜色行事，或是让你一生都取悦家人或是朋友。我的意思是，你要学着友好而真诚地对待身边的每一个人，要言辞得当、彬彬有礼。如果有人向你伸出援助之手，不管多么微不足道，你都要真诚地感谢；如果你有机会帮助别人，那么一定不要错过。比如：当你乘坐公交车时一位老人站在你身边，此时你起身让老人坐下，做这件事时你要面带微笑，并假装走向车门，不要让人对你的善举心存愧疚——这样做并不困难，而且虽然不过是个小小的善意，你一定能够感觉良好。总之，你要想自己活得快乐，就要先传播快乐。这是你善待自己的第一步。

对于你自己而言，一定要不断给自己增加营养。你知道怎样让自己变得美丽吗？很简单，你要在饮食上保持平衡，这样你就会获得健康，身体健康自然气色就好，红润的脸庞、活力四射的体力都是你成为最美女孩儿的必要条件。你要通过合理的饮食和锻炼照顾好自己的身体。你知道吗？人们之所以总是彼此祝愿健康和幸福，就是因为它们在很大程度上是可以通过后天的努力而得到的。你可能没有留心看过这样的报道：当你进行锻炼时，身体产生的化学物质可以让你感觉幸福。但就算你不知道有这样的研究结论，你也应该有这样的体会，就是当你的身体不健康时，你的大脑也不会有快乐的体验。

当然，你的健康并不止于身体，你所需要的营养也绝不仅仅来源于馒头、米饭，或萝卜、白菜，或是鸡鸭鱼肉，要想成为一个幸福的人就要为你的头脑、你的精神源源不断地提供营养。比如知识，你在学校里当然已经学了不少，但这远远不够，你还得留心身边发生的一切，你要多看看报纸，多听听他人的观点，多看看自己感兴趣的书籍。你可以总结一下，究竟哪些书籍才是你最感兴趣的？哪些事物才是真正让你魂牵梦萦的？你要尽可能地去探索、去了解、去掌握。

还有，我非常想要告诉你的是，我的丫头，你要学会哺育你的精神。观察你周围的世界，留心其中所蕴藏的美，因为一切事物都可以为你带来灵感，并创造出属于你的成果，你可以用绘画、跳舞、摄影、写作……哪种方法都可以，不必在意自己做得如何，只要把自己的想法和感受艺术化地表达出来，就会有人为你喝彩，至少我会。除此，不要犯了女人的通病——比较，不要总是寻找自己与他人的差异，相反你要多看到自己与别人的共同点，这样你才会心满意足，才会心情愉悦。

最后，我最最亲爱的女儿，我想说的是，我对你最大的祝愿是在将来的某一天，当你回首往事时会惊讶地发现自己有了多么大的变化。为此，从现在起，你要不断尝试、不断碰壁，再不断梦想，哪怕在这个过程中你犯下数不尽的错误也要坚持；你要有长远的理想，走自己想走的路，不要过多地顾忌他人的看法（包括我和妈妈）。相信，总会有那么一天，当你仔细审视自己时，惊喜异常，因为此时的你已经出落得像模像样，已经摆脱了稚气，变得近乎完美和成熟，甚至依然成为了你梦寐以求的、理想中的自己。

或许我更应该告诉你生命的艰难，但是我的心底里却真的不想在你这颗晶莹的水滴里投入一丝阴影。假若这份纯真果然在以后的岁月里碰壁，我宁愿说这是社会的不幸而不是你的不幸。

我总是更愿意这样来说：丫头，走过天真，你会染得一身翠绿。那么，如果你是一棵小草，不妨幻想着天空；如果你是一颗大树，不要忘却念及泥土。你的生活要轻松却不随便，认真却不呆板，潇洒却不飘然，昂扬却不张狂……

趁你还没有长大，我说了这许许多多的有用的或是没用的话，等到你真正懂得时，你已经长大。想来真是让我感到欣慰又惆怅，好像翻看旧时的照片，隔着若干年的时光，却活生生地就在眼前。

没错，就是这样，我最最亲爱的女儿，你就是爸爸最近最近的惦念，所以，你要认真地照顾好你自己，无论是身体还是心灵……

听爸爸的话：

你永远是爸爸最深最深的牵挂，不求你光耀千秋，不求你呼风唤雨，只求你能够认真地照顾好你自己。

学会控制你的情绪

生活中总是会发生各种各样的事,下面这些情况你遇到过吗?

"我同桌总是占很多的地方,挤得我够呛,真让我生气!"
"上次的应用题做对了一半,可老师竟然一分也不给我,太不近人情了。"
"妈妈总是唠叨个没完,让我情绪很低落。"
"那个商店的老板态度真恶劣,简直气死我了!"
"大周末的这么堵车,原本高兴的心情一下子就没了。"
……

这些情景你都经历过吧,可是你有没有发现它们都有一个共同点,那就是让别人的态度控制了你的心情。这是多么可笑的事啊,就好比一个正常人遇到了一个疯子,疯子当着她的面脱掉了衣服,她也跟着一起脱衣服,到最后还气哄哄地硬说是疯子的错。大多数人都有一个通病,当容许别人的态度掌控我们时,我们就觉得自己受了天大的委屈和迫害,并无力改变眼前的一切,只有抱怨和愤怒才是我们唯一的选择。好在经过这大半辈子的摸爬滚打,你老爸我也看到了一点规律,那就是:如果我们用自己的力量改变他们的态度,就会让我们快乐起来。

当然,在这之前老爸也曾经因为情绪失控干过若干次的蠢事,有些事现在想来还觉得不好意思呢。其中一件是有关你的一次事件。

那时候你只有4岁，4岁时的你乖巧可爱，总是特别懂事，帮我们拿东西，给我们捶背，搂着我的脖子说"爸爸我爱你"，那种感觉真不知道用什么来形容。但你有一个让我头疼的毛病，老是爱搬东西，比如你曾经把半箱牛奶从厨房搬到厕所，还曾经把我的一摞书当砖头一样搬着在客厅溜达，一年夏天还把鱼缸搬到阳台上导致小鱼瞬间见到了马克思……这次事件也是缘起于你搬东西。

那天我接你放学回家，半路上我们看见一个施工工地外围用砖头砌了墙，地上也散落着各种施工的废料。当你听到里面有一种近似于"小猫"叫的声音时，一定要看看里面究竟是什么。但是爸爸可不敢贸然把你举起来让你往里面看，于是我想先看一下。你知道的，老爸的"海拔"并不高，小砖墙正好到我的眼睛处，我得踮着脚尖往里看，正在我努力伸着脖子时，突然听见"咕咚"一声巨响，回头一看：是你，我的宝贝，你正在想把一大块水泥墩子搬起来，结果太重掉在了地上。

我当时真是七窍生烟，又是害怕又是气愤，一下子对你吼了起来："你干嘛呢？砸了脚怎么办？"你无辜地看着我，没说话。

我又继续伸着脖子帮你看里面有没有小猫，看了半天也没看见，一回头却看见你正一点一点地挪动着那个水泥墩子——原来你是想把它搬到我的脚下，这样我就能看得清楚了。

你当时肯定不能理解老爸的愧疚和感动，我甚至有点热泪盈眶，我感觉自己真是犯了天大的错误，不问青红皂白就劈头盖脸地指责我的宝贝丫头，这是什么破爸爸呀，就不能先控制一下自己问问清楚吗？我赶紧蹲下身抱起你并向你道歉的时候，你只是用小手摸了摸我的脸说："没关系，爸爸。"要是当时你质问我一些什么，我就是憋到脸红脖子粗也肯定没法回答你。所以，时至今日，爸爸也常常捶着胸脯问自己：怎么不控制一下自己呢？

不过无可争辩的是，生活在都市的快节奏当中，人的情绪难免会有波动起伏，遇上不顺心的事情也难免会发点小脾气，我一样，你也一样。繁重的学业，那些不懂事的男生和娇纵的女生，老师恨铁不成钢，乃至我和妈妈对你的不理解，都可能会让你感到气愤、烦恼，或者让你伤心、失望，但重要的是你要学会适当控制，否则你若一味地放任自己的情绪，那么它将会产生巨大的破坏力，成为你人生成功路上的大障碍。

可能这就是"气急败坏"的意思吧，人在情绪失控的时候什么傻事都做得出来，就如同一个人喝醉了酒胡言乱语一样。可你知道，说出去的话泼出去的水，别人不会因为你当时正在气头上就会原谅的你的过失，所以控制情绪总是必要的。我这里倒是有几个现成的方法，免费（老爸够慷慨吧）提供给你，希望你能够成为真正的江山美人，不让抓狂、崩溃、出离愤怒等字眼跟你沾边。

我想最好的办法是说出来，其实这是一种发泄途径。女孩子生气起来往往会有点歇斯底里，这也可能是受了"野蛮女友"等信息的误导，但你越是愤怒就越不知所云，如果你能够把"愤怒"两个字说出来，往往会有奇妙的效果，比如你可以说："我这么生气是因为……"你把话说出来，自己心里就痛快了一些，别人听到后也就对你有了更多的理解，这非常有助于解决问题。

或者你还可以发明几个镇定动作。有时候，让你花容失色的怒火其实只有那么一瞬间的爆发力，多数时候只要你耽搁那么一两秒钟，你的情绪就会迅速从珠穆朗玛峰的高度降为普通小山包，所以你可以试试在自己感觉怒不可遏的时候向后退、闭眼两秒钟、抓住什么东西、深吸一口气等小动作，通常都能让你冷静下来。

还有，你不是一直很爱看《武林外传》吗，其中的郭芙蓉郭大侠是你最喜欢的角色。她绝对是暴脾气，但她发过一份消火声明非常好——生活如此美妙，我却如此暴躁，这样不好，不好。所以，怒发冲冠时若想想这个，再生气你也会莞尔一笑吧，我的宝贝。

女孩子家不仅仪态万千，性格脾气也多不相同，所以如何冷却自己的怒火也多种多样，我这点主意说不定在你眼里不过是些小玩意儿，那你就自己找点适合自己的方法，做好自己的消防员吧。

239

**听爸爸的话：**

人生苦短，值得我们用心去感受的事情实在很多，如果还是有人不惜一切代价愿意耗费时间和精力去忧愁、烦恼、发怒，那可真成"傻丫头"了。

尽量摆脱欲望的纠缠

我一直都教育你并且自己也信守着"知不足而后上进"的原则,但我必须要向你说明白的是,这句话用在求知者身上最为合适,对于做人就显得有些"贪"了。知足与不知足,仅仅一字之差,但境界确实有天壤之别。

多年前读托尔斯泰,他老人家曾经说过这样一个故事:

在一个小村子里有一个农夫,他每天早出晚归地耕种一块贫瘠的土地,虽然累死累活,但却收获甚少。

有一天,一位天使在天上看到可怜的农夫,决定帮助他一下,于是对农夫说:"只要你能够不停地向前跑,然后跑成一个圈,回到原地,那么你跑过的这个圈里的土地就归你了。"

农夫喜出望外,刚要起跑,又问天使:"不管我跑得圈有多大吗?"

"不管多大,圈里的地都归你所有。"善良的天使微笑着回答。

于是,农夫兴冲冲地朝前跑去,跑累了想要停下来休息一会儿,但他又想到自己的妻子儿女都需要更多的土地,然后又向前跑;感觉自己跑得够远了,跑回去的圈也够大了,但他还想再多一点,然后继续向前跑……

有人告诉农夫说:"你不能再往前跑了,你赶快往回跑,不然你就完蛋了。"农夫哪里肯听,他一心想着要圈到更多的土地,有更多的粮食,换更多的钱,得到更大的享受。他跑啊,跑啊,跑啊……

最后终于累死在了路上。

生命没了，土地没了，一切都没了，无休止的欲望让农夫失去了一切。想必那天使也一定懊恼不已，不知道自己究竟是在积德还是在作孽。在我们现在看来，天使当然是善良的，她不过是想让农夫过得更好一点，是农夫自己不断扩张的欲望让他终于"尘归尘，土归土"了。

也有人说：人如果没有了欲望，那也就失去了前进的动力，整个社会岂不是要停滞不前了？这种想法真是"罪过"。我想这人一定是没有弄清欲望与理想、目标等词的区别，后者当然是每个人不断奋斗前行的驱动力，而前者则是"贪"，是"吃着碗里的望着锅里的"，是"人心不足"，是没有止境地想要占有。

人要懂得知足才好，特别是在这个利欲熏心的时代。若能守得住知足，则会让你变得平静、安祥、达观、超脱；而不断膨胀的欲望却可以使你陷入冲动、烦躁和不安。

去年七月份，我的一位女同事终于在与丈夫吵吵闹闹了两年后正式离婚了。公司里所有的人都没有给予她过多的安慰，原因是大家都知道她离婚的原因——要和一位有钱的老板结婚。

她的前夫我们也都认识，以前公司出游或是搞活动他也来过几次，人踏实肯干，日子说不上富裕，但也算得上衣食无忧，普普通通老百姓的日子里，还算不错的。只是这样的日子始终不能满足我的这位同事的各种要求：她要穿名牌、用大牌的化妆品、要让儿子上贵族学校，家里十来万的汽车总是看不上眼……

单位里也有与她不错的姐妹劝过她要懂得知足，但她给出的回复是"人往高处走"。是啊，人的确是要往高处走，可这需要自己努力奋斗。当然，她的奋斗方式就是傍上了大款。如愿与大款结婚后，她着实变得光鲜闪耀，如同贵夫人一般。但她并不满足这一切，她还需要大款的感情，她需要此任丈夫像前夫一样对自己体贴入微、左右陪伴，可是大款做不到，他有太多的事情，包括与其他女人约会。

就这样,"贵夫人"如同住进了冷宫,"一哭二闹三上吊"之后,大款挥了挥衣袖,带走了所有的云彩。

你如果有机会来我们这里,还能看到这位阿姨。不过现在她已经幡然悔悟,每天朴朴素素,到时上班,下班去接儿子放学,生活得相当淡然。可让人扼腕的是,这样的日子她原本就已经拥有了呀,那时还有疼她爱她的丈夫,一家三口,其乐融融,让多少人羡慕得眼红啊!只是那些年她被"欲望"蒙了眼,迷了心智,才做出了那样愚蠢的选择。

你知道吗?一说到欲望这个词我就觉得好像干净的水里混进了泥沙,变得不再澄澈。所以,面对你,我最亲爱的女儿,我眼中如同水晶一般透明的丫头,我可不希望欲望这玩意儿和你走得太近。你别不以为然,因为欲望的到来绝不会像轰炸机一样声势浩大地警告你它的存在,它总是悄无声息地向你靠近,你甚至可能已经被它纠缠还浑然不觉。因为在任何时候你都可以走近欲望,它的种类实在太多了,不过最要命的无非几种:食欲、权欲、贪欲、色欲、酒欲!

人有需求,本无可厚非,但一旦过了度就变得异常可怕!明明晚餐八成饱即可,但见到了好吃的,就忍不住大快朵颐,最终撑个半死!明明做个知县就已经学以致用了,非要弄个总督干干,结果行贿受贿,到最后被皇上正法!原本自己只有二两酒的酒量,一定要逞强喝半斤,天天喝,终于喝出了肝硬化,一命呜呼!……我们根本无法计算,有多少原本不错的人最终都在欲望的"指使"下走向了毁灭。

你现在已经进入了高中,很快就将面临高考,然后去过丰富多彩的大学生活,继而还要走向社会,你必将遇到无数的选择、无数的诱惑、无数的欲望,爸爸只是担心你若不能明确自己的追求、不能明确每个阶段的重心,就难免会陷入各种纠缠和欲望当中,最终让自己痛苦挣扎一段时间后,除了不堪一无所有!

所以,我的宝贝呀,你一定要时时提醒自己一下,问一问自己有没有对什么东西要求得太多,或者总是有进一步的要求,如果有,

那么赶快放下,你的未来还那样长、那样美好,千万别让欲望把你缠住!

听爸爸的话:

如果你在没有任何思考和比较的情况下,对一件事物连续提出了三次以上的更高要求,那么你就可能是被欲望缠住了。

活得简单些

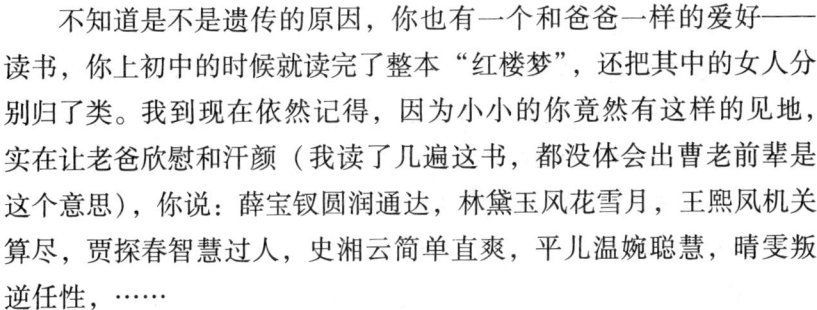

不知道是不是遗传的原因,你也有一个和爸爸一样的爱好——读书,你上初中的时候就读完了整本"红楼梦",还把其中的女人分别归了类。我到现在依然记得,因为小小的你竟然有这样的见地,实在让老爸欣慰和汗颜(我读了几遍这书,都没体会出曹老前辈是这个意思),你说:薛宝钗圆润通达,林黛玉风花雪月,王熙凤机关算尽,贾探春智慧过人,史湘云简单直爽,平儿温婉聪慧,晴雯叛逆任性,……

你总结得如此精妙准确真是让老爸感受到了什么叫"青出于蓝而胜于蓝"。但是,丫头,你有没有想过她们的命运呢?这些人都逃不过"好一似食尽鸟投林,落了片白茫茫大地真干净"的结局,却只有简简单单的湘云,虽命运多舛,但到底是寿终正寝。

与那些毛躁小子比起来,女孩通常都很感性,自己心里想什么总喜欢让别人猜测,即便表达也喜欢拐弯抹角,总是不自觉地与人相互猜来猜去,结果弄得大家都很累,当然女孩子自己也不轻松。因此,倒是那些简简单单的女孩子更能吸引身边的人。

你们正处在"为赋新词强说愁"的年纪,往往愿意人为地把事情看得复杂,有时候甚至觉得只有把事情想复杂了才能说明自己的成熟。你若不信,尽可以看看自己的周围,是不是有些同学总是摆出一副"看破红尘"的样子,或是有人给了他一块糖也硬要想象成人家对他有什么想法,也或者老师让一个人做了生活委员他也要想一想身边的同学会不会对他有意见……凡此种种,我必须得毫不客

气地说"这都是庸人自扰"。

我还记得我们的上一任领导,我们都叫他李总。李总历来都很严肃,办事雷厉风行,就连走路也总是风风火火。有时候,若是我们工作不到位,必定少不了一顿狂风暴雨般的训斥,那叫一个胆战心惊,所以同事们见了他多数都跟"避猫鼠"似的。老爸我也一样,从不敢多看他老人家两眼,生怕不小心得罪了这位"瘟神"。

可以说从李总上任的这半年多的时间里,办公室的气氛简直压抑到让人窒息。但后来公司新来了一位小文员,刚刚大学毕业,活泼开朗,思想单纯,她说话从来都是直言不讳,有什么说什么,藏着掖着的事情一点都不会,简单得像一张白纸。因为她的到来,所有的人都觉得办公室的空气也清新了不少。这还不算,这个小姑娘虽然才来不足两个月,但却用她的简单改变了原来大家与李总的紧张关系。

有一次,小文员去其他部门送文件,正巧李总从她身边经过,小姑娘脱口而出:"李总,夏天从您身旁走过真是感觉好极了。"

"嗯?为什么?"李总不由得慢下来问道。

"因为您走路太快了,刮起的风像电风扇一样,特凉快。"

"哈哈哈……"

随着李总难得的笑声,整个屋子埋头工作的同事都齐刷刷抬头朝他们望去。

从此,我们不再刻意回避李总了,但我们这一群大小老爷们儿都不得不对这个简单的小丫头表示最大的敬意和感谢。

这可真是像冰心老人说的那样——如果你简单,那么这个世界也就简单。不过,"简单"这事说起来容易,做起来就难。仔细想一想,生活似乎总是在和我们开玩笑,在若干年前物质匮乏的年代,人们就算想复杂也复杂不起来,可是在今天生活丰富了,人们想简单又不能简单了,于是,不少人开始觉得累、觉得烦。

但我觉得人总是不能简单与生活和物质的丰富并没有直接的关系,反而是自己的内心使然。那些心胸狭隘或偏执的人,无论如何都做不到简单。比如,在与人相处时,总是互相设防,彼此猜疑,即使原本和谐亲密的关系也当然会变得疙疙瘩瘩;又或者在大事小事面前，拿得起却放不下，常常看不开，那么事情自然也就复杂了。

你虽然还没有走向社会，但你也有属于自己的圈子，我只是希望在你自己的这个圈子里，能够心地纯洁地简单生活，只有这样，在你的青春时节，才会有更多的时间享受快乐。所以，你想说什么、想做什么都用不着前怕狼后怕虎地犹豫不前，别把自己弄得跟个侦探似的分析个不停，只管做就好了。比如你可以直接告诉你的同学，她说的话让你很难过；或直接告诉我，生日的时候想要一双新球鞋；或者你还可以直接告诉你的老师，她的声音太小，你听不清楚；也或者你可以告诉你的朋友你今天不想陪她逛街……

当然，我必须得承认，生活永远也不会真的平静和简单，但我们必须从中寻求平静和简单。化繁为"简"，时常想想莎老头（莎士比亚）的话：简洁是机智的灵魂。没错，简洁是机智的灵魂。所以，简单并不是浅陋，更不是糊涂，而是一种智慧，一种心灵的更高层次的美好。生活不正是这样吗？最简单的装扮往往是最美的，最简单的语言往往是最真的，最简单的做法往往是最有效的。

活得简单主要是心比较简单，不要想得太多。多年前我看到这样一则笑话，现在讲给你，希望你能够多琢磨琢磨：

在一张桌子上放着一杯清茶。
佛门弟子看到它说："茶似禅。"
道家弟子看到它说："茶是气。"
儒家弟子看到它说："茶是礼。"
一位商人看到它说："茶是钱。"
而茶却说："我就是一杯水，给你的只是你的想象，你想什么，什么就是你。"

听爸爸的话：

生活其实并不复杂，不要在你这样美好的年龄对世态炎凉思考太多。你只管过自己简单的生活，享受快乐的青春就好。

后记　趁女儿还未长大

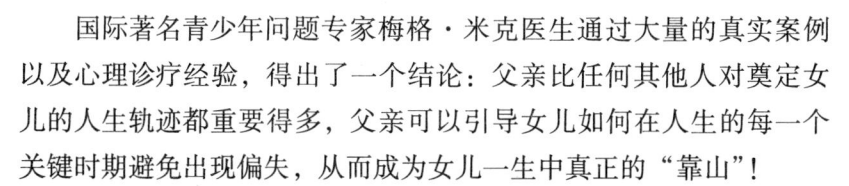

　　国际著名青少年问题专家梅格·米克医生通过大量的真实案例以及心理诊疗经验，得出了一个结论：父亲比任何其他人对奠定女儿的人生轨迹都重要得多，父亲可以引导女儿如何在人生的每一个关键时期避免出现偏失，从而成为女儿一生中真正的"靠山"！

　　正是看到了这样的话，使我终于拿出时间来为宝贝女儿写一点东西，以期能对她有所帮助。实际上，在过去的十几年里，作为爸爸，我一直都对女儿疼爱有加，尽自己所能让女儿更加健康地成长并对生活怀有热情。但在写这本书时我有了更为强烈的念头——趁女儿还未长大，要和她多待在一起。青山常在，白云常有，但孩子的少年时期却是我们一生中逝之不再的风景。

　　无论孩子的出生是偶然还是必然，是蓄谋已久还是不期而至，父母都曾像迎接国家元首一样，在南窗前高悬"万国旗"；因为孩子的到来，家里的每一个房间都洋溢着一种渗透生命力的哭声；因为孩子的到来，再优雅绅士的父母也会变得慌乱不堪；因为孩子的到来，家中影集的扉页被她崭新的笑容全部占领……

　　毫无疑问，这便是爱的绵延。

　　在这绵延之间，女儿潜移默化地成长着，但也是疾风暴雨地成长着。就在那么不经意的一天，我突然发现她竟然不再问我那些傻傻的问题，这当然值得高兴，但也有淡淡的忧伤，因为彼时我正因女儿而童心丰满。我实在想不出来，就在我把她向上一抛一接的工夫，她怎么就撒开脚丫子跑向远方了……

所以，我得在最短的时间内把我所有的生命体验都与孩子分享，或许不一定能成为她的榜样，但哪怕成为反面教材也好，也算是爸爸对女儿的一个忠告。可就在我创作这本书的时间里，女儿依旧飞快地生长着、变化着，以至于我将内容删改了一次又一次，以便最适合、最贴切，但在最后成稿时还是不免留下遗憾，因为女儿成长之快让我始料不及。

不管怎样，我使劲抓住了一些重点：趁女儿还未长大，最重要的是让她学会热爱生活；让她学着自己理事，哪怕只是洗一方手帕，亦或是向他人表达自己的愤怒，自己做了总比依赖他人要好；让她先了解男生，这样在爱情的道路上，才能找到与自己最相配的另一只翅膀，女儿才会真正幸福；让她懂得如何面对挫折和委屈，人生毕竟不止是坦途，有些艰难的日子，即使父亲也可能无法给予安慰。

……

我极尽所能地将所有能够告诉女儿的话都说了出来，虽然键盘上的手指有些辛苦，但过程我却很是享受。因为在我边写边回忆的过程中，我似乎又回到了自己年少轻狂的时代，似乎又把女儿举过头顶看她笑个不停，似乎又牵了她的小手在放学的路上……

一切已然成为过去，女儿也已步入青春，但趁女儿还未长大的最后几年，我要做的就是时常陪伴女儿，带她去爬山，感受山风的粗粝与浑厚；带她去玩水，闻闻清澈和温馨的味道；带她看云、看雾、看日出、看暮野，看一切自然衍生的东西……让女儿明白，不矫饰、不畏惧、不莽撞、不慌乱、不懒惰才是人生的大美之境。